W0109906

Heiner Boberski / Adieu, Spaßgesellschaft

Heiner Boberski

Adieu, Spaßgesellschaft

Wollen wir uns zu Tode amüsieren?

Eine Recherche

Der Verlag legt großen Wert darauf, daß seine Bücher der alten Recht-
schreibung folgen. Die Entscheidung bezieht sich auf die Sinnwidrig-
keit der meisten neuen Regeln und darauf, daß sie sich gegen die deutsche Sprache selbst richten.

Die Deutsche Bibliothek – CIP-Einheitsaufnahme
Ein Titelsatz für diese Publikation ist bei der Deutschen Bibliothek
erhältlich und im Internet über http://dnb.ddb.de abrufbar.

© Copyright by Mag. Dr. Walter Weiss
EDITION VA BENE
Wien–Klosterneuburg, 2004

E-Mail: edition@vabene.at
Homepage: www.vabene.at

Das Werk einschließlich aller seiner Teile ist urheberrechtlich geschützt.
Jede Verwertung außerhalb der engen Grenzen des Urheberrechtsge-
setzes ist ohne Zustimmung des Verlages unzulässig und strafbar. Das
gilt insbesondere für Vervielfältigungen, Übersetzungen, Mikroverfil-
mungen und die Einspeicherung und Verarbeitung in elektronischen
Systemen.

Umschlaggestaltung: Jürgen Kirchner, Wien
Satz und Druckvorlage: Mag. Franz Stadler, Königstetten
Druck: Druckerei Theiss GmbH, A-9431 St. Stefan
Produktion: Die Druckdenker GmbH, Wien

Printed in Austria

ISBN 3-85167-162-7

INHALT

Meiner Frau Elfriede gewidmet,
die mir bei diesem Buch eine große Hilfe war.
Ihr ist hoffentlich in 30 Ehejahren mit mir
der Spaß noch nicht vergangen.

Noch lange ehe das Wort von der »Spaßgesellschaft« und diese selbst das Licht der Welt erblickten, hatte der Schriftsteller und politische Vordenker Jörg Mauthe wenig Freude mit dem Spaß. Vor allem konnte er sehr bös' werden, wenn Spaß als Synonym für Freude benutzt wurde, als sei dies »eh dasselbe«. Vom stets oberflächlichen Spaß führt selten ein Weg zur wirklichen Freude, die das Gemüt zu erhellen imstande ist, eben zur Lebensfreude. Lebensspaß, was wär' denn das?

Jene, die sich die Teilnahme an der Spaßgesellschaft aus materiellen oder ideellen Gründen nicht leisten können oder wollen, sind in unserer Wohlstandsgesellschaft noch eine Minderheit. Ich finde daher den Versuch Heiner Boberskis recht mutig, in seinem Buch doch eher ein solidaritätsfressendes und egoismusvermehrendes Monster vorzuführen. Es ist wirtschaftsbelebend und so wunderbar unterhaltend, daß es einem mit seiner bunten Turbulenz vieles erspart: vor allem die doch nicht sehr bequemen Gedanken über den Sinn des Lebens, über die im Wohlstandsschatten Lebenden, über himmelschreiende Ungerechtigkeiten. Ein herrliches Rauschmittel für Genuß ohne Reue. Alles ist machbar, alles ist Unterhaltung – Katastrophen und andere Aufreger sind meist nur noch Rohmaterial fürs »Infotainment« vieler Medien und für fesche Konversationen.

Bei den Akteuren der Spaßgesellschaft geht nichts in die Tiefe, außer es ist etwas, das sie beim Ausleben ihres Egoismus behindert. Sicher: Spaß, Unterhaltung und ein bißchen Übermut müssen sein, aber nicht grenzenlos und ohne Unterlaß. Bestimmt wird sich bei dem einen oder anderen Spaßgesellschafter irgendwann Überdruß und schaler Geschmack einstellen, der in ihm vielleicht auch den Gedanken aufkeimen läßt, daß er eigentlich auf Kosten anderer, der Ausgeschlossenen, der Umwelt und der nächsten Generationen lebt.

Heiner Boberski ist optimistisch, sieht schon den lauter werdenden Ruf nach einer Nachdenkpause, in der auch das Kopfzerbrechen über das derzeitige System der globalisierten Wirtschaft einsetzen sollte. Meiner Meinung sind Radikalreformen weder machbar noch sinnvoll. Immer wieder zeigt sich aber auf der ganzen Welt, daß Kurskorrekturen der Politik um nur wenige Grad auch ungeheuer positive Effekte haben können: Wenn man nur das richtige Ziel vor Augen hat und es aufrichtig und konsequent verfolgt.

Hier ist jedenfalls die Politik gefordert. Aber auch, wenn sie es schafft, die ausgefahrenen Geleise des Populismus zu verlassen, ist sie allein überfordert. Ein Paradigmenwechsel wird nur dann eingeleitet werden können, wenn es der Zivilgesellschaft gelingt, die sporadisch vorhandenen Keime einer neuen Solidarität zu vermehren und zum Blühen zu bringen. Dann werden immer mehr aus der dahintrottenden Marschkolonne des totalen Konsums ausscheren und jenseits ihres bisherigen Horizonts der eigenen Lustbefriedigung Schritt für Schritt ihre Mitmenschen und die Mitverantwortung für die Gesellschaft entdecken.

Es wäre schön, könnte dieses Buch einen Anschub zu diesem Umdenkprozeß geben.

Peter Bochskanl

Der Autor ist Chefredakteur der »Wiener Zeitung« und Präsident des Presseclubs »Concordia« in Wien

Einleitung
Neue Nachdenklichkeit – Schluß mit lustig?

11. September 2001: Im Abstand von wenigen Minuten bringen zwei von arabischen Terroristen entführte Passagierflugzeuge die beiden Türme des World Trade Center in New York zum Einsturz. Zur gleichen Zeit rast eine weitere gekidnappte Maschine in das Pentagon in Washington. Ein viertes Flugzeug, das Araber in ihre Gewalt gebracht haben und offensichtlich zum Weißen Haus, dem Amtssitz des Präsidenten der USA, steuern wollen, stürzt bei Pittsburgh ab – mutmaßlich wegen der massiven Gegenwehr von einigen Passagieren. Der Terroranschlag, dessen Urheber dem Netzwerk Al Qaida angehören, erschüttert die Welt. Wie sich später herausstellt, sind fast 3000 Menschenleben zu beklagen. Der deutsche Publizist und Orientexperte Peter Scholl-Latour versucht die Stimmung auf den Punkt zu bringen: »Das ist das Ende der Spaßgesellschaft.«

Wie immer man zum Begriff »Spaßgesellschaft« steht, ob man ihn als reines Modewort oder als treffende Bezeichnung für einen mehr oder minder großen Anteil der Bevölkerung in den wohlhabenden Industrieländern ansieht, der 11. September 2001 bedeutet eine Zäsur im politischen und sozialen Leben des angebrochenen 21. Jahrhunderts. Die Ereignisse dieses Tages hatten und haben Folgen, die sich vor allem in der amerikanischen Kriegspolitik im Nahen und Mittleren Osten, im Konflikt zwischen Israel und Palästina und in den erhöhten Sicherheitsmaßnahmen in der westlichen Welt widerspiegeln. Al-Qaida-Chef Osama Bin Laden, der aus einer reichen saudi-arabischen Familie stammt und vermutlich aus einem Versteck irgendwo im Raum Afghanistan/Pakistan seine Anhänger dirigiert, ist zum meistgesuchten Mann der Welt geworden.

Genau zweieinhalb Jahre nach dem Anschlag auf die Twin Towers, am 11. März 2004, hat Al Qaida wieder verheerend zugeschlagen: Bei Sprengstoffanschlägen auf Personenzüge in der spanischen Hauptstadt Madrid kommen etwa 200 Menschen ums Leben, über tausend weitere Personen werden verletzt. Die blutige Tat kippt bei der kurz darauf fälligen Wahl die spanische Regierung, die den Anschlag am liebsten den baskischen Separatisten von der ETA in die Schuhe geschoben hätte, aus dem Amt. Eine überraschend deutliche Mehrheit verbannt die Partei des scheidenden Ministerpräsidenten José Maria Aznar, der sich voll der Kriegspolitik von US-Präsident George W. Bush gegen den Irak angeschlossen hatte, auf die Oppositionsbänke. Andere Betreiber dieser Politik müssen ernsthaft um ihre Wiederwahl, sobald diese ansteht, zittern. Die Menschen haben begriffen, daß die Mächtigen, insbesondere bei der Begründung des Feldzuges gegen den Irak, nicht mit offenen Karten gespielt haben.

Wie im September 1972, als bei Olympia in München arabischer Terror gegen die israelische Mannschaft aus den »heiteren Spielen« eine sehr ernste Angelegenheit machte, ist in den letzten Jahren aus unterschiedlichen Gründen – politischen, sozialen, wirtschaftlichen und ökologischen – bei vielen Menschen in der westlichen Welt Nachdenklichkeit eingezogen. Drei Jahre nach »Nine-Eleven«, zu einem Zeitpunkt, wo anscheinend viele den Schock von damals überwunden haben, sollten wir uns daher ganz kühl und sachlich der Wirklichkeit unserer Welt und einigen schlichten Fragen stellen: Hat eine »Spaßgesellschaft«, wie immer man diesen Begriff definiert, noch Platz? Ist nun »Schluß mit lustig« und nur noch tödlicher Ernst angesagt? Oder dominieren Vergnügen und Unterhaltung weiter, und werden gewisse Rezessions- und Krisenerscheinungen einfach verdrängt oder nur als willkommener Nervenkitzel empfunden? Leben wir in den reichen Industrieländern als hedonistische Spaßgesellschaft, die nicht begriffen hat oder sich nur nicht eingestehen will, daß sie sich eher als »Angstgesellschaft« definieren müßte? Mit welchen Argumenten treten Kritiker und Verteidiger der Spaßgesellschaft auf?

Mit diesen Fragestellungen nahm ich dieses Buch in Angriff. Ich sprach dafür mit mehreren kritischen Zeitgenossen mit unterschiedlichen Fachgebieten, etliche dieser Gespräche fanden Eingang in das Buch. Dabei versuchte ich, die Positionen meiner Interviewpartner, die naturgemäß unterschiedliche Zugänge zum Thema Spaßgesellschaft hatten, möglichst authentisch wiederzugeben. Natürlich war es auch notwendig, eine Vielzahl schriftlicher Quellen, nämlich Printmedien von der Tageszeitung bis zum dicken wissenschaftlichen Buch, in die Arbeit einzubeziehen. Dabei ging es mir von vornherein nicht um eine gnadenlose Abrechnung mit allem, was unter dem Begriff Spaßgesellschaft läuft, sondern um eine nüchterne Auseinandersetzung mit diesem Phänomen, aber auch um seine Einordnung in größere Zusammenhänge. Sobald man Begriffe aufgreift, die mit dem Wort »Gesellschaft« verbunden sind, darf die Gesamtsituation der modernen Welt nicht ausgeblendet werden. Im Gegenteil: Für mich war von Anfang an ein Hauptziel dieses Buches, das möglicherweise für viele interessante Wort »Spaßgesellschaft« im Titel auch als Vehikel zu benutzen, um die darob hoffentlich nicht ungehaltenen Leserinnen und Leser mit weniger spaßigen Inhalten, mit den vielen Problembereichen auf unserem Planeten, zu konfrontieren.

Ich zähle mich weder zu den Kulturpessimisten, die stündlich den Weltuntergang erwarten, noch zu den Zukunftseuphorikern, die uns langsam, aber sicher auf ein »Paradies auf Erden« zugehen sehen. Krisensymptome sind jedenfalls nicht zu bestreiten: Ob Arbeitslosigkeit oder verkehrte Alterspyramide, ob zum Himmel schreiende soziale Ungerechtigkeit oder Klimawandel, ob zunehmende Gewalt in Form von Terror und Krieg – die unzähligen Probleme werden immer mehr Menschen bewußt und sind echte »Spaßverderber«.

Der Absturz der Concorde bei Paris, das Sinken des russischen U-Bootes »Kursk«, die Katastrophen von Seveso und Tschernobyl, Küsten und Gewässer verheerende Ölteppiche, Wirbelstürme und Hochwasser von immens zerstörerischer Wirkung – immer wieder erfährt der Mensch seine Begrenztheit und das Versagen seiner technischen Errungenschaften. Auch Armut und Hunger, Kriminalität und Seuchen, die Auflösung von Bindungen und Solidarität in der Familie und in großen und wichtigen Institutionen geben Anlaß zur Sorge.

Kein Zweifel: Unsere Gesellschaft rammt ständig und oft sehenden Auges Eisberge und gerät dadurch in Gefahr. Vielleicht ist es kein Zufall, daß in der Blütezeit der Spaßgesellschaft der Film »Titanic« entstand. Daß es keine unsinkbaren Schiffe gibt, wissen wir spätestens seit dem Sinken dieses Luxusdampfers. Manfred Prisching hat in diesem Zusammenhang in seinem Buch »Die McGesellschaft« an ein Zitat des österreichischen Ökonomen Joseph Schumpeter (1883–1950) erinnert: »Die Nachricht, daß ein bestimmtes Schiff im Sinken ist, ist nicht defätistisch. Aber die Gesinnung, in der diese Nachricht aufgenommen wird, kann defätistisch sein: Die Mannschaft kann sich hinsetzen und sich betrinken. Jedoch sie kann auch zu den Pumpen stürzen.«

Als ich mit verschiedenen Menschen über dieses Buchprojekt sprach, war ich überrascht, wieviele davon meinten, ihnen gehe die Spaßgesellschaft sehr auf die Nerven. Zum Buchtitel »Adieu, Spaßgesellschaft« fragten allerdings etliche skeptisch: »Sind Sie wirklich so optimistisch?« Wer das Ende der Spaßgesellschaft anspricht, gilt, zumindest in meinem Bekanntenkreis, offenbar als Optimist, wer ihr Weiterbestehen vertritt – das ja mutmaßlich an das Beibehalten unseres Wohlstandes gebunden ist –, gilt folglich, was etwas paradox ist, als Pessimist.

Meine Überzeugung ist: Eine die Gefahren ignorierende Spaßgesellschaft, um deren Kennzeichen es in diesem Buch geht, wird das Sinken unserer »Titanic« nicht verhindern können. Wer mit offenen Augen durch die Welt geht, sieht das drohende Menetekel an der Wand: »Gewogen und zu leicht befunden.«

Die Frage, auf die ich im Schlußkapitel noch ausführlicher eingehe und aus meiner Sicht zu beantworten versuche, lautet: Sollen – und können – wir uns heute schon oder zumindest in naher Zukunft von der Spaßgesellschaft verabschieden?

Wien, am 28. September 2004
Heiner Boberski

WOLLEN WIR UNS ZU TODE AMÜSIEREN?
Exzesse, Eventsucht und Erlebnishunger

Ein Phänomen geht um in den reichen Industrieländern. Es chattet sich durch das Internet. Es SMSt durch die Welt der Mobiltelefone. Es delektiert sich an sogenannten Reality- und Talk-Shows oder an reinen Klamauksendungen im Fernsehen. Es eilt von Event zu Event. Es ißt und trinkt sich durch alle In-Lokale. Es versäumt keine Love Parade und keine Gelegenheit zu einem One Night Stand. Es gibt das selbst hart verdiente, oft aber das von wohlhabenden Verwandten stammende Geld in vollen Zügen aus, wenn ihm danach ist. Es konsumiert ohne Rücksicht auf Verluste. Es sucht den ultimativen Kick und nimmt dafür, bewußt oder unbewußt, auch manches Risiko in Kauf. Es scheut aber zugleich echte Anstrengung. Es blendet die Not der Mitmenschen aus. Es schert sich nicht um Verantwortung für die Zukunft der Welt. Es durchlebt die heißesten Nächte von Ibiza und bemüht sich um die coolste Mode auf urbanen Partys. Es will alles und das gleich und immer wieder. Für das vielköpfige Phänomen, eine Hydra des Leichtsinns und der Rücksichtslosigkeit, hat man im Lauf der Jahre einen Namen gefunden: Spaßgesellschaft.

Ob wir alle mehr oder weniger, zumindest aber viele von uns, als ständige und zeitweilige Anhänger und Anhängerinnen zu diesem Fun-Verein zählen, ob er überhaupt eine einigermaßen homogene Gruppe darstellt, ob man seinen Kern weitgehend mit einer bestimmten Generation, nämlich der jüngeren, gleichsetzen kann, das sind Fragen, zu denen es unterschiedliche Positionen gibt.

Schon 1985, lange bevor sich der Begriff Spaßgesellschaft bei uns etablierte, stellte jedenfalls der amerikanische Autor Neil Postman, Professor für Media Ecology an der New York University, im Titel eines vielgelesenen Buches fest: »Wir amüsieren uns zu Tode«. Wie bei vielen bekannten Büchern haben es wahrscheinlich die meisten Menschen, auch solche, die darüber reden, gar nicht gelesen. Postmans Grundansatz ist eine Gegenüberstellung der Zukunftsvisionen von George Orwell (»1984«) und Aldous Huxley (»Schöne neue Welt«). Orwell malte den totalen Überwachungsstaat unter einem »Big Brother« (Großer Bruder) an die Wand – nicht zufällig wurde dieser Titel auch für jenen Typ von TV-Sendung gewählt, deren Mitwirkende für einen bestimmten Zeitraum ihr ganzes Leben vor Kameras ablaufen lassen. Huxley sah voraus, daß die Menschen nicht durch Kontrolle von außen ihre Freiheit einbüßen, sondern dadurch, daß sie in einem Meer von Zerstreuung jegliche Orientierung verlieren.

Postman schreibt im Vorwort seines Buches, das den Untertitel »Urteilsbildung im Zeitalter der Unterhaltungsindustrie« trägt: »Kurz, Orwell befürchtete, das, was uns verhaßt sei, werde uns zugrunde richten. Huxley befürchtete, das, was wir lieben, werde uns zugrunde richten. Dieses Buch handelt von der Möglichkeit, daß Huxley und nicht Orwell recht hatte.«

Faktum ist, daß die Möglichkeiten zur Überwachung der Bürger theoretisch zwar bereits weit entwickelt sind, in der Praxis aber nicht die Rolle spielen, mit der Orwell gerechnet hat. Und wie nicht zuletzt Sendungstypen wie »Big Brother« zeigen, dienen sie weit mehr der launigen Unterhaltung als dem Aufspüren und Kontrollieren von möglichen Dissidenten. Das Reservoir an Menschen, die bereitwillig vor einer großen Medienöffentlichkeit zum körperlichen oder seelischen Striptease antreten, scheint von Tag zu Tag größer zu werden. Am meisten Zurückhaltung dürfte noch bei den wirtschaftlichen Verhältnissen geübt werden, wo kaum einer zu den Ärmsten gezählt werden will, aber wirklich Reiche ihr wahres Vermögen lieber verschweigen.

Postman bereitet jedenfalls Huxleys Vision – der man auch im genetischen Bereich durch die Möglichkeit, Menschen zu klonen, schon sehr nahe gekommen ist – mehr Sorgen, und er macht dafür vor allem das Fernsehen amerikanischer Prägung verantwortlich: »Wenn ein Volk sich von Trivialitäten ablenken läßt, wenn das kulturelle Leben neu bestimmt wird als eine endlose Reihe von Unterhaltungsveranstaltungen, als gigantischer Amüsierbetrieb, wenn der öffentliche Diskurs zum unterschiedslosen Geplapper wird, kurz, wenn aus Bürgern Zuschauer werden und ihre öffentlichen Angelegenheiten zur Varieté-Nummer herunterkommen, dann ist die Nation in Gefahr – das Absterben der Kultur wird zur realen Bedrohung.«

Auch heute dürfte kaum einer Postmans Annahme widersprechen, »daß die Amerikaner die am besten unterhaltenen und zugleich wahrscheinlich die am schlechtesten informierten Leute der westlichen Welt sind«. Jene im TV-Betrieb der Vereinigten Staaten entwickelte Mischung von Information und Entertainment, die inzwischen als »Infotainment« die Welt erobert und dabei auch viel Kritik eingeheimst hat, war Postman ein Horror. Er hatte den Eindruck, daß auch ernste Dinge für das Medium Fernsehen als Unterhaltungsware aufbereitet werden und dadurch ihren ursprünglichen Charakter verlieren; das Fernsehen sei »dabei, unsere Kultur in eine riesige Arena für das Showbusiness zu verwandeln«. Für christliche Gottesdienste sah er zum Beispiel »die Gefahr nicht darin, daß die Religion zum Inhalt von Fernsehshows wird, sondern darin, daß Fernsehshows zum Inhalt der Religion werden«.

Man mag darüber streiten, wie weit Neil Postman, der auch dem Computer sehr skeptisch gegenüberstand, mit seinen Positionen recht hatte; sein Fazit, daß den meisten Leuten wie bei Huxley vor lauter Amüsement der Verlust vergangener Werte gar nicht mehr bewußt sein werde, hat jedenfalls einiges für sich: »Die Menschen in *Schöne neue Welt* leiden nicht daran, daß sie lachen, statt nachzudenken, sondern daran, daß sie nicht wissen, worüber sie lachen und warum sie aufgehört haben, nachzudenken.«

Wer amüsiert sich heutzutage aber wirklich zu Tode? Blickt man in die Medien, findet man tatsächlich immer wieder im vollen Wortsinn tödliche Ereignisse, die sich im Umfeld der vielzitierten Spaßgesellschaft zugetragen haben, nämlich dort, wo es ausschließlich um Vergnügen und Unterhaltung gegangen ist. Beispiele gefällig?

Allein die Sommermonate 2004 zeigten, wie für etliche junge Leute aus Österreich der Spaß, den sie suchten, den Tod oder zumindest Lebensgefahr bedeutete. Der sechsundzwanzigjährige Andreas K., Unteroffizier aus Wiener Neustadt, krachte Mitte Juni beim Base-Jumping vom berühmt-berüchtigten »Mürenfluh« nahe Bern mit seinem Fallschirm gegen den Felsen und stürzte 200 Meter tief in den Tod. Ebenfalls beim Base-Jumpen kollidierte zwei Wochen später die Österreicherin Christina G. mit dem Moskauer Ostankino Fernsehturm, von dem sie abgesprungen war, verlor das Bewußtsein, kam aber mit dem Leben davon. Im August fanden beim »Dopplerfall« im Bad Ischler Rettenbachtal zwei Canyoning-Fans, 28 und 34 Jahre alt, den Tod. Im gleichen Monat wurde eine sogenannte Schaumparty im Rahmen des traditionellen »Mondscheinfestes« im nordburgenländischen Oggau einem siebzehnjährigen Mädchen aus Eisenstadt zum Verhängnis. Sie geriet nach einem Sturz auf der glitschigen Treppe unter den Schaum, wurde dann bewußtlos neben dem mit Schaum gefüllten Pool aufgefunden und starb im Krankenhaus Eisenstadt an den Folgen eines Gehirnödems.

In diversen Internet-Chatforen sind zu derartigen Fällen immer wieder betroffene, aber auch zynische Kommentare zu lesen. Während die einen argumentieren, es handle sich quasi um einzelne »Betriebsunfälle«, die manchen aber gelegen kämen, um damit die ganze Spaßgesellschaft madig zu machen, bezweifeln andere den Sinn solcher Vergnügungen, zumal dabei – etwa beim Canyoning oder beim Extrembergsteigen – immer wieder Dutzende Helfer und Retter in größte Gefahr gebracht würden.

Tatsache ist, daß im Spaßmilieu immer wieder bewußt über alle Stränge geschlagen wird: Bei diversen offiziell geplanten Sauforgien – Reportagen darüber sind heutzutage ein Fressen für Privat-TV-Anstalten – müssen auch regelmäßig medizinisch ausgebildete Nothelfer parat stehen, um die »Alkohol-leichen« rechtzeitig zu versorgen, damit es zu keinen echten Leichen kommt. Und natürlich bergen alle Großevents, ob Popkonzert oder Sportveranstaltung, so sie nicht von exakt eingehaltenen Sicherheitsvorkehrungen begleitet werden, Gefahren. Unvergessen ist in Österreich die Massenpanik, die im Dezember 1999 beim »Air and Style«-Contest am Inns-brucker Bergisel ausbrach: Sechs Jugendliche im Alter zwischen 14 und 21 Jahren wurden dabei zu Tode getrampelt, mehrere weitere schwer verletzt. Die Zeitungen sind auch immer wieder voll von Berichten über Unfalltote nach alkoholreichen Discobesuchen. Keine Seltenheit sind auch Selbstmorde von Jugendlichen, die beim Spaß der Gleichaltrigen nicht oder nicht mehr – weil sie zum Beispiel alkoholisiert ihr Fahrzeug demolierten – mithalten können.

Neil Postman hat diese Todesfälle gar nicht gemeint, sondern mehr das allgemeine Absterben des Sinns für höhere Werte in einer Welt des Konsums, der Exzesse, der Eventsucht und des Erlebnishungers. Aber es gibt sie, die echten Todesopfer der heutigen Spaßgesellschaft – wie es natürlich zu allen Zeiten Unfallopfer, auch im Freizeitbereich, auch unter Alkoholeinfluß, gegeben hat. Selbst wenn die heutige Zahl an Toten im Umfeld der Unterhaltungsindustrie nicht sehr hoch erscheinen mag, bedenklich ist, daß es vor allem die Jungen trifft, also jene Jahrgänge, die ohnehin bei weitem nicht mehr so stark sind wie früher.

Aber die wirklichen Massen an Opfern der westlichen Spaßgesellschaft nehmen wir hier in den Industrieländern wahrscheinlich gar nicht wahr. Auch Postman hatte in erster Linie im Blick, daß wir uns selbst, aber nicht andere zu Tode amüsieren. Dabei ist sicher, daß sich für das Wohlleben von Europäern und Nordamerikanern viele andere ausbluten: die Arbeiterinnen und Arbeiter, oft noch im Kindesalter, in den Billiglohnländern, die für uns um ein Almosen zahlreiche Güter, insbesondere auch Kleidung oder Sportschuhe, produzieren; die jungen Mädchen, vor allem in südostasiatischen

Ländern, die vom Sextourismus ausgebeutet werden; die Menschen, denen Unternehmen aus den Industrieländern, aber auch vom reichen Westen gestützte korrupte Politiker die Lebensgrundlagen entziehen. Der Spaß der einen geht fast immer auf Kosten von anderen.

Und es gibt kaum noch etwas, was von der Unterhaltungsindustrie verschont wird – der Spaß kann sich am Rande des Todes, aber auch des beginnenden Lebens abspielen. Im süddeutschen Radiosender Antenne 1 führte der Babywunsch des Moderator-Paares Ostermann und Schatzi zur Idee, 1000 Paare für den 23. Mai 2003 in das Stuttgarter SI Centrum einzuladen, um in einer großen Liebesnacht 1000 Kinder zu zeugen. Im Rahmen eines Internet-Forums meldeten sich dazu viele junge Leute zu Wort. Während einige den Vorschlag begrüßten, argumentierten andere, er sei typisch für eine »Spaßgesellschaft« oder »Spaßkultur«. Hauptsache, es gibt wieder mehr Kinder, meinten die einen – denn das bedeute Sicherung der Renten (und außerdem sollte man das Kinderkriegen nicht vorwiegend den Zuwanderern überlassen). Andere wiesen auf die Verantwortung hin, die mit einem Kind verbunden ist, und das Ansinnen, sich via Radio zur Kinderproduktion aktivieren zu lassen, mehr oder weniger heftig zurück. Und viele äußerten Zweifel daran, ob überhaupt bei allen Paaren der Zeugungswille und die Zeugungsfähigkeit vorhanden sein würden: »Gibt es dann wenig später eine Aktion ›1000 Abtreibungen in einer Nacht‹?«

Ein mehr als deutliches Statement zu dieser Aktion lautete: »Ein Kind bekommen und großziehen zu wollen, ist eine der schwierigsten Entscheidungen in der heutigen Zeit, da gehört wesentlich mehr dazu als die stupide Idee irgendeines Moderatorenpärchens ... Und dann das Ganze noch derart öffentlich? Ich halte schon Leute, die sich für Big Brother bewerben, für nur, sagen wir mal, ›beschränkt schuldfähig‹ ... Mag sein, ich bin auch nur zu verklemmt oder prüde oder so was, aber wer sein Privat- bzw. Intimleben derart öffentlich macht, hat womöglich den Beruf verfehlt.«

Übrigens: Von der Aktion drangen zwar einschlägige Fotos, aber nach neun Monaten keine konkreten Ergebnisse an die breite Öffentlichkeit. Dafür waren, nicht nur zu diesem »Event«, heiße Debatten pro und kontra Spaßgesellschaft in den letzten Jahren keine Seltenheit – aber was heißt überhaupt Spaßgesellschaft?

SPASSGESELLSCHAFT – WAS IST DAS?
Das kurze Leben eines lange umstrittenen Begriffes

»Manchmal schleichen sich Wörter in unsere Köpfe, hangeln sich herab auf die Zunge, werden ausgespuckt, wieder und wieder. Irgendwann stehen sie da, die Wörter, nutzbar für jeden, hinterfragt von niemandem. Wer hat eigentlich den Begriff Spaßgesellschaft erfunden?«

Die Frage – in der »Süddeutschen Zeitung« vom 18. September 2001 gestellt – ist verständlich. Ob man denjenigen, der dieses Wort nachweislich erstmals gedacht oder ausgesprochen hat, jemals ausfindig machen wird, ist äußerst unwahrscheinlich. Wo die Spaßgesellschaft mutmaßlich ihre Premiere in schriftlicher Form erlebte, hat man jedenfalls erforscht: Am 23. Jänner 1993 erschien in der deutschen »taz« (Die Tageszeitung) ein Artikel über den damaligen Fußballtrainer des 1. FC Saarbrücken, Peter Neururer. Der Journalist Josef-Otto Freudenreich schrieb darin über Neururer, daß diesen die »Spaßgesellschaft nach oben gespült« habe. Wie man diesen Begriff, der dann erst um die Jahrtausendwende seine Blütezeit erlebte, genau zu verstehen habe, teilte der Autor nicht mit. Bis 1996 wurde in den Zeitungen auch nur spärlich von dem neuen Ausdruck Gebrauch gemacht.

Totgesagt wurde die Spaßgesellschaft jedenfalls schon, als dieser Ausdruck noch gar nicht etabliert war. Die Publizistin Sigrid Löffler brachte als neue Feuilleton-Chefin der Hamburger »Zeit« am 29. November 1996 gegen die »Spaß-Generation« einen Rundumschlag an, den sie mit den Worten schloß: »Die Spaß-Generation hat sich ausgewitzelt.« Pointe nebenbei: Löffler gehörte jahrelang im Fernsehen mit Marcel Reich-Ranicki und Helmut Karasek fix dem »Literarischen Quartett« an, das sicher in erster Linie wegen seines Unterhaltungswertes – insbesondere aufgrund der Kontroversen zwischen Reich-Ranicki und Löffler – hohe Einschaltquoten erzielte.

In die Wiener Tageszeitung »Der Standard« fand das Wort Spaßgesellschaft übrigens erstmals am 9. Dezember 1996 in einer Theaterkritik Eingang: »Weil das Grazer Schauspielhaus in der vorigen Saison miserabel besucht war, bekommt die Spaßgesellschaft jetzt nur mehr Volksstücke und Lustspiele vorgesetzt.« Auch die weitere Verwendung des Begriffs blieb zunächst vorwiegend den Kultur- und Medienseiten vorbehalten. Damit ist auch etwas über die Wortbedeutung gesagt: Sie bezieht sich auf ein konsumierendes Publikum – im Theater, vor dem Bildschirm, im Sportstadion.

In ihrem Buch »Spaßgesellschaft. Wortbedeutung und Wortgebrauch« (Frankfurt am Main 2003) hat Kerstin Maaß die relativ kurze Geschichte dieses Begriffs sprachwissenschaftlich untersucht und festgestellt, daß er im Lauf der Jahre eine gewisse Entwicklung durchmachte.

Zunächst fügt sich, so Maaß, der Begriff »in eine Reihe von Komposita ein, mit denen unsere Sprachgemeinschaft stets bemüht ist, die Gesellschaftsform, in der wir leben, treffend zu kennzeichnen (z. B. Wegwerfgesellschaft, Konsumgesellschaft, Überflußgesellschaft etc.)«.

Laut Duden stammt das deutsche Wort Spaß vom italienischen »spasso« ab. Dieser Begriff bedeutet »Zerstreuung, Zeitvertreib, Vergnügen« und geht auf die lateinischen Verben »expassare« (= ausbreiten, zerstreuen) beziehungsweise »expandere« (= ausspannen) zurück. Im Deutschen unterscheidet man zwischen »Spaß machen«, wobei man aktiv mit Worten, Grimassen oder Gesten Heiterkeit auslösen will, und »Spaß haben«, indem man bei einem bestimmten Tun Vergnügen empfindet.

Mit Gesellschaft können sogar sieben verschiedene Wortbedeutungen verbunden sein: das allgemeine Zusammenleben der Menschen; das Zusammenleben von Menschen unter historisch bestimmten sozialökonomischen Verhältnissen; die sogenannte Oberschicht; der zu bestimmten Zwecken vorgenommene Zusammenschluß von Personen oder Institutionen; eine Abend- oder Festveranstaltung; ein geladener Kreis von

Gästen sowie eine Gemeinschaft von Menschen, die geselligen Verkehr pflegen; die Begleitung, der Umgang.

Theoretisch wären also bis zu 14 Möglichkeiten des Gebrauchs des Wortes Spaßgesellschaft möglich, praktisch sind es aber viel weniger. Maaß hat festgestellt, daß in nahezu 90 Prozent der Fälle die zweite Bedeutung des Wortes Spaß mit der zweiten Bedeutung des Wortes Gesellschaft kombiniert wurde – also die in der heutigen historischen Situation zusammenlebenden, bei einem bestimmten Tun Vergnügen empfindenden Menschen. Für die Arbeit von Maaß wurden 798 Texte aus den Jahren 1993 bis 2001 ausgewertet, in denen das Wort Spaßgesellschaft gebraucht worden ist. Die Texte stammten aus vier deutschen Zeitungen: »Die Tageszeitung« (taz), »Süddeutsche Zeitung« (SZ), »Berliner Zeitung« (BZ) und »Die Welt« (Welt).

Konkrete Beispiele aus den Jahren 1997 bis 2001 vermitteln am besten, wie der Begriff Spaßgesellschaft in der veröffentlichten und damit wohl auch in der öffentlichen Meinung verwendet und verstanden wird:

- »Thema: Spaßgesellschaft und Jugend. Für Spaß braucht man Kohle, und die besorgen sich drei der sauberen Football-Spieler durch Erpressung eines Imbißbudenbesitzers …« (taz, 29. 07. 1997)
- »Es läßt sich denken, daß hier die in Sado-Maso-Spielchen gipfelnde Eventlust einer Spaßgesellschaft gemeint ist.« (BZ, 25. 01. 1999)
- »Wir leben in einer Spaßgesellschaft. Engagement im Verein, in der Kirche, in der Partei – das sind für viele Werte von gestern.« (SZ, 26. 08. 1999)
- »Der Playboy verkündete einen neuen Lebensstil, der den ersten Schritt vom puritanischen Nachkriegsamerika in die moderne Spaßgesellschaft markiert. Statt der moralischen Pflicht zur Genügsamkeit predigte der Playboy die Pflicht zum Genuß.« (SZ, 18. 11. 1999)
- »Und sind wir nicht alle ein bißchen Fin de Siècle, melancholische Zyniker einer wohlstandsübersättigten Spaßge-

sellschaft, die ihre moralischen Selbstzweifel unter flotten Sprüchen verstecken ...« (BZ, 23. 12. 1999)

- »Die Deutschen sind ein seltsames Volk: Gestern noch feiern sie tagaus, tagein den 250. Geburtstag Goethes, heute feiern sie ›big brother‹ Zlatko, der, weil er Shakespeare nicht kannte, ›the brain‹ genannt wird. ... Das Jahrhundert spiegelt sich in einer Spaßgesellschaft, in der Komiker reich werden, wenn sie auf Sächsisch ›Maschendrahtzaun‹ flöten.« (Welt, 13. 05. 2000)

- »Der Körper ist ein Fetisch der Moderne. Durchtrainiert muß er sein, wird von Stars und Sternchen gern auch nackt präsentiert. Schaut her, ich bin schön, weil ich an mir arbeite, so die Botschaft der Leistungs- und Spaßgesellschaft.« (Welt, 15. 08. 2000)

- »Der Kult um Fitness und Jugendlichkeit, die dauernde Schnäppchenjagd und sonstige Begehrlichkeiten der Spaßgesellschaft werden in ›Gier‹ mit einer Prise Gemütlichkeitsfolklore der Tourismusbranche zu einer widerwärtigen Brühe verrührt.« (Welt, 30. 09. 2000)

- »Unverkennbar tobt sich die Spaßgesellschaft an der Börse aus. Hier lauert eines der letzten Abenteuer: Spiel, Spannung und der Kick um Kohle.« (Welt, 23. 10. 2000)

- »So genannte Risiko- oder Extremsportarten boomen in Zeiten, in denen sich ganze Generationen als ›Feier-‹ oder ›Spaßgesellschaft‹ verstehen. Normal bleibt der Alltag. Erlebnisse ganz besonderer Art hingegen versprechen, nach Feierabend, die Flirts mit der Gefahr, die Suche nach dem Spaß. Spannung erzeugt nicht mehr das Hocken vor dem Fernseher; Abenteuer garantiert nun der Sprung vom Fernsehturm.« (taz, 16. 12. 2000)

- »Immer mehr Menschen sterben durch Drogenmißbrauch, immer mehr Jugendliche nehmen Drogen. Schuld ist die Spaßgesellschaft. Sagt die Drogenbeauftragte der Regierung. Junge Menschen wollen am Wochenende immer ›gut drauf sein‹. Wenn 's sein muß, mit Gewalt. (Welt, 30. 04. 2001)

- »Schmidt, bis vor kurzem für die Hüter der öffentlichen Moral noch Inbegriff einer zynisch verblödeten ›Spaßgesellschaft‹, bedient nun virtuos die Bedürfnisse der verschreckten Bildungseliten ...« (taz, 21. 06. 2001)

- »Es ist kennzeichnend, daß bis zum Jahr 2000 die Love Parade als politische Demonstration gelten durfte, und ebenso kennzeichnend ist, daß man ihr im Jahre 2001 solche Qualifikation verweigert. Die Identität von Politik und Spaß wurde aufgehoben. Die Spaßgesellschaft ist zu Ende.« (Welt, 16. 08. 2001)

- »Aber den Durchschnittsaraber in seiner klammheimlichen Sympathie mit den Teufeln sollten wir weiterhin zu erreichen versuchen. Indem wir ihm nicht nur jene primitive Frivolität zeigen, wie sie sich in der medialen Schauseite unserer sexversessenen, sensationsgeilen, extrem außengeleiteten Spaßgesellschaft artikuliert, die er so verachtet.« (Welt, 15. 09. 2001)

- »Und gegen die Schurkenstaaten, die solche Verbrecher beherbergen, ist mit Mitteln des Krieges vorzugehen. Dies ist das Ende der Spaßgesellschaft, die mit falsch verstandenem Pazifismus eine derartige Entwicklung mit ermöglicht hat.« (SZ, 15. 09. 2001)

- »Die ›Spaßgesellschaft‹ und ihr liberaler Geist relativieren Pathos und holen den erhabenen Blick vom Himmel auf die Erde zurück. Darum sind sie eine unerträgliche Provokation für selbsternannte ›Gotteskrieger‹. Wer jetzt gegen die ›Spaßgesellschaft‹ polemisiert und damit die freiheitliche, laizistische Haltung vieler jüngerer Menschen in den Schmutz zieht, schwächt den Westen.« (Welt, 19. 09. 2001)

- »Fast alles wie gehabt: Die Spaßgesellschaft lebt wieder.« (taz, 21. 09. 2001)

- »Ein Land, das in die Steinzeit zurückgebombt wurde, verwüstet von Bandenkriegen und beherrscht von einer irren Sekte, die alles verbietet, was auch nur von der Ferne den Verdacht erregt, es könnte schön sein. Dies ist genau das Bild, nach dem die Terroristen die Welt neu gestalten wollen: als Ödnis – ein radikales Gegenbild zur Spaßgesellschaft.« (Welt, 26. 09. 2001)

- »Die Spaßgesellschaft und der mit ihr verbundene Pazifismus ist natürlich nicht am Ende, wie manche erhoffen, aber sie wurde beschädigt.« (SZ, 29. 09. 2001)
- »Daß man, um die Ordnung im Inneren zu bewahren, zur Gewaltanwendung im Äußeren bereit sein muß, ist die ernsteste unter den vielen ernsten Fragen, von denen die immergrünen Kinder der Spaßgesellschaft nichts hören wollen.« (Welt, 02. 10. 2001)
- »Der Tag kommt. Vivaldi geht. Frühstücksradio. Auf den Billigmärkten des Rundfunkgewerbes bricht nun der Frohsinn aus, explosionsartig. Die Spaßgesellschaft, angeblich kürzlich verstorben, kommt putzmunter aus den Federn.« (SZ, 20. 10. 2001)
- »Grünheid kann springen wie ein Flummi, er spielt fürs Publikum, er gehört zur Spaßgesellschaft im jungen deutschen Basketball.« (BZ, 29. 10. 2001)
- »Alle Verächter der Spaßgesellschaft sollten einmal darüber nachdenken, daß in Kabul die Wiederkehr von Tanz und Musik das erste Anzeichen von so etwas wie Zukunft ist.« (Welt, 15. 11. 2001)
- »Die Erfahrungen der letzten Monate zeigen, daß sich die überindividualisierte Spaßgesellschaft nachhaltig ändern kann. Die Menschen sind verletzlicher und fragender geworden, aber auch aufnahme- und hörbereiter.« (Welt, 20. 12. 2001)

Von 1993 bis 1996 wurde der Begriff »Spaßgesellschaft« noch kaum verwendet. Gehäuft kommt er erst ab Dezember 1996 vor, im März 1997 erstmals in einer Schlagzeile. Eine weitere Steigerung gibt es ab Mai 2000. Der Höhepunkt erfolgt im Umfeld des 11. September 2001, als Peter Scholl-Latour im ARD-Talk »Friedman« das »Ende der Spaßgesellschaft« verkündet. Auch im Jahr 2002 ist die »Spaßgesellschaft« noch ein häufiges Medienthema, insbesondere zum Jahrestag der

Anschläge in den USA, ab 2003 geht der Gebrauch langsam zurück.

Der Begriff »Spaßgesellschaft« wird in diesen Jahren unterschiedlich gebraucht, großteils für die Gesamtgesellschaft, mitunter für eine Subkultur, immer öfter aber auch so, daß beides gemeint sein kann, die Gesamtgesellschaft oder ein Segment von ihr. Bis zum April 2000 beziehen sich laut Kerstin Maaß 86 Prozent der Texte auf die Gesamtgesellschaft, später sind es nur noch etwa 60 Prozent. Etwa ein Achtel der Texte, nur im Halbjahr vor dem 11. September 2001 ist es ein Fünftel, bezeichnet als Spaßgesellschaft eine Subkultur. In den restlichen Fällen, sie werden im Lauf der Zeit mehr und machen Ende 2001 ein gutes Viertel aller Texte aus, sind beide Deutungen möglich.

Vom »Ende der Spaßgesellschaft« ist zwar immer wieder einmal die Rede (zum Beispiel schon im August 2001), massiv aber erst ab September 2001. Zugleich kommen Redewendungen wie »neue Ernsthaftigkeit« (zuerst im Oktober 2000) und »Schluß mit lustig« (erstmals im September 2000) stärker in Gebrauch. Verbreitete Redewendungen sind in dieser Zeit, vor allem in den Tagen und Wochen nach dem 11. September 2001: »Die Spaßgesellschaft frißt ihre Kinder«, »Kinder der Spaßgesellschaft«, »zu Tode amüsieren«, »das mag jetzt zynisch klingen«, »Irony is over«.

Einige Aussagekraft haben die in Verbindung mit Spaßgesellschaft verwendeten Adjektiva: genußfähig, durchsäkularisiert, durchkommerzialisiert, rassistisch, unbesorgt, wohlstandsübersättigt, neurotisch-egozentrisch, wohlhabend, narzißtisch, oberflächlich, grassierend, voyeuristisch, ignorant, hedonistisch, nihilistisch, rücksichtslos, tumb, vergnügungssüchtig, dumm, infantil, egozentrisch, überindividualisiert.

Die Aussagen über die Spaßgesellschaft werden zunehmend negativer. Vor allem der vom griechischen Wort »hedoné« (Freude, Vergnügen, Lust) abgeleitete Begriff Hedonismus ist ein beliebtes Attribut der Spaßgesellschaft. Dabei handelt es sich um eine ethische Lehre, wonach der individuelle Genuß das eigentliche Motiv, letzte Ziel und sittliche Kriterium des menschlichen Handelns sei. Als Begründer des Hedonismus gilt der altgriechische Philosoph Aristipp, ein Schüler des Sokrates. Für ihn bedeutete Genußfähigkeit das höchste Glück des Menschen, er identifizierte sie mit der Tugend. Wirkliche und dauernde Genußfähigkeit sei aber nur dem Weisen beschieden, der seinen Lustempfindungen nicht blindlings folge, sondern kraft seiner Weisheit über sie zu herrschen vermöge. Modernen Hedonisten billigt man diese Weisheit aber selten zu, man sieht sie eher als oberflächlich jedem Vergnügen nachjagende Personen.

Kerstin Maaß hat auch ausgewertet, welche deutschen Politiker in Zeitungsartikeln am meisten in Verbindung mit der Spaßgesellschaft gebracht wurden: An der Spitze lag eindeutig FDP-Chef Guido Westerwelle, gefolgt von seinem parteiinternen Widersacher Jürgen Möllemann, der inzwischen unter nicht ganz geklärten Umständen mit dem Fallschirm tödlich verunglückt ist, und Bundeskanzler Gerhard Schröder. Mehrmals genannt wurden noch Gregor Gysi von der PDS und der Berliner Bürgermeister Klaus Wowereit, einmal auch ein österreichischer Politiker: Jörg Haider.

Eine Drehscheibe der Spaßgesellschaft ist natürlich die TV-Unterhaltung. Die Sendung, die in diesem Zusammenhang am häufigsten genannt wurde, war eindeutig »Big Brother«, das Voyeurprogramm aus dem Container. 2004 hätte sich wahrscheinlich »Die Alm« dafür qualifiziert. Und wie sieht es bei den einzelnen Personen aus dem TV-Betrieb aus? Spitzenreiter im Bereich der Entertainer und Comedians ist eindeutig Stefan Raab, gefolgt von Harald Schmidt. Zu den zeitlich als erste, nämlich schon 1996 und 1997, genannten Protagonisten der Spaßgesellschaft zählen Detlev Buck, Helge Schneider, Wigald Boning und Oli Dietrich. Später verdienen sich auch Anke Engelke, Ingo Appelt, Guildo Horn, Karl Moik, Bärbel Schäfer und Bully ihre Sporen als »Spaßgesellen«. Von den Kulturschaffenden ordnet man vor allem Leander Hausmann und die Gruppe der Pop-Literaten, aber auch Guido Knopp der Spaßgesellschaft zu. Maaß unterscheidet noch eine eigene Gruppe der »Selbstdarsteller«, von denen eindeutig Verona Feldbusch, gefolgt von diversen »Big Brother«-Kandidaten, Ariane Sommer, Jenny Elvers und Nadjy Abdel Farag, in den Medien am häufigsten mit der Spaßgesellschaft assoziiert wird.

Einiges zur Erhellung dieses Begriffs tragen auch die damit am meisten verbundenen Events der Erlebniskultur bei: Hier führt mit weitem Vorsprung die »Love Parade«, vereinzelt wurden auch »Christopher Street Day«, »Disneyland«, »Ballermann 6« und »Robinson Club« genannt.

In Österreich, für das noch keine so gründliche Studie wie die von Kerstin Maaß vorliegt, würden sicher andere Sendungen, Personen und Events ins Treffen geführt. Man geht wohl nicht fehl, die »Seitenblicke« und Formate wie »Taxi Orange« oder »Starmania« hier zuzuordnen.

In Deutschland setzte sich als erster ein »Spiegel«-Artikel (»Sei schlau, hab Spaß«, 8/1996) wirklich ausführlich mit dem Phänomen der Spaßgesellschaft auseinander. Er ortete eine neue Qualität von Nonsens, Blödelei, Parodie und Sarkasmus in Deutschland und ein unterhaltsames Zugehen großer Kultureinrichtungen auf ein größeres Zielpublikum. Schrumpfende staatliche Mittel zwingen seit etwa zehn Jahren Museen und Theater, sich am Verbraucher und dessen konsum- und genußorientierter Lebensweise zu orientieren. So werden Kulturveranstaltungen zu Events wie Popkonzerte, markante Beispiele sind die Berliner Reichstagsverhüllung durch Christo oder die Live-Auftritte der »drei Tenöre« José Carreras, Placido Domingo und Luciano Pavarotti. Den Mitgliedern der Spaßgesellschaft wird eine entpolitisierte und nihilistische Lebenseinstellung zugeschrieben.

Faßt man all das zusammen, was zum Begriff der Spaßgesellschaft in den letzten Jahren veröffentlicht wurde, so kristallisiert sich im wesentlichen folgendes Bild heraus: Der Vater der Spaßgesellschaft ist der Wohlstand, ihre Mutter die Freizeit. Die Spaßgesellschaft gilt als eine hedonistische, genußfähige und amüsierwütige Gemeinschaft von Menschen, die stets auf der Suche nach Anlässen zum Feiern, nach spektakulären Erlebnissen und vielfältigen Formen der Freizeitgestaltung sind. Ihr schlimmster Feind ist die Langeweile. Sie sucht das aufregende Erlebnis, auf welche Art, da gehen die Meinungen auseinander: Manche Spaßgesellen sind bereit, selber für »action« zu sorgen, viele andere begnügen sich als passive Zuschauer mit dem Konsumieren dessen, was ihnen andere vorsetzen.

Umstritten und aus den meisten Artikeln auch nicht schlüssig herauslesbar ist, ob man mit Spaßgesellschaft die Gesamtgesellschaft oder nur einen Teil davon bezeichnen kann. Seit dem 11. September 2001 dominiert eher die Position: Die Spaßgesellschaft hat zwar die Gesamtgesellschaft infiziert, ist aber nur ein Teil davon, eine Subkultur. Und wirklich hundertprozentige Spaßgesellinnen und -gesellen wird man gar nicht so leicht finden.

Ende 2001, am Ende ihres Untersuchungszeitraums, so hält Kerstin Maaß fest, stehen Unterhaltungs-, Medien- und Politikkultur nicht mehr im Zentrum der Auseinandersetzung mit Spaßgesellschaft, vielmehr sind es Konsumkultur, Erlebniskultur, Werte und Einstellungen: »Hierbei wird deutlich, daß die zentralen Merkmale zur Beschreibung von Spaßgesellschaft noch immer Egoismus, Unernst und Oberflächlichkeit sind.«

Als Maaß ihre Arbeit abschloß, waren jedenfalls noch keineswegs alle überzeugt davon, daß es ein Phänomen namens Spaßgesellschaft je gegeben hat. Und wenn wir das einmal – schon weil so viel darüber geschrieben wurde – einmal voraussetzen, bleibt für viele offen, ob es noch existent ist oder nicht – oder ob es schon vor oder erst nach dem 11. September 2001 zu Ende ging.

»Nach uns die Sintflut!«
Vorläufer der heutigen Spaßgesellschaft

Für manche ist die heutige Spaßgesellschaft entweder gar
nicht existent oder zumindest nichts Neues. Die Sehnsucht
nach Genuß und Unterhaltung, nach üppigem Konsum ohne
besondere Anstrengung, ist vermutlich genauso alt wie die
Menschheit. Der Traum vom verlorenen Paradies, vom idyl-
lischen Arkadien, vom untergegangenen Atlantis oder vom
märchenhaften Schlaraffenland war und ist in vielen Köpfen
wach und lebendig. Und wo Gelegenheit bestand, solche
Sehnsüchte zu befriedigen, wurde sie auch genützt. In Staaten, in denen Sklavenhalterei oder Leibeigenschaft bestan-
den, hatten die Mächtigen genügend billige Hilfskräfte, um
bequem und prächtig zu leben. Sie konnten sich allen ihrer Zeit
zur Verfügung stehenden Luxus leisten und taten es auch –
Spaßgesellschaften von einst.

Der wahre Spaß blieb freilich immer auf eine kleine Minderheit beschränkt und war auch ständig bedroht. Von einem
»Ende der Geschichte« war noch keine Rede, die politischen
Verhältnisse konnten sich rasch ändern. Wenige wissen, daß
auch das griechische Sparta eine in Saus und Braus lebende
Spaßgesellschaft beherbergte, ehe die von ihm ausgebeutete
Nachbarregion Messenien den Aufstand probte und Sparta
auf totalen Militarismus umschwenkte, um seine Vormacht-
stellung zu behaupten.

Nachzulesen ist das in Peter Moosleitners Magazin (»PM«,
München) vom Mai 2004 auf den Seiten 94 bis 101. So wirkte
dagegen bald Athen, das der Demokratie, der Philosophie
nebst »Symposion« (Trinkgelage) und dem Theater aufge-
schlossen war, als Ort der sinnlichen Freuden und bürgerli-
chen Freiheiten.

Rom verdankte seinen Aufstieg zwar militärischer Diszi-
plin, mit der Expansion des Reiches nahmen aber die stren-

gen Sitten ab, der Spaß und die Ausschweifungen hingegen zu. Zur Ruhigstellung des Volkes boten ihm die Machthaber »panem et circenses« (Brot und Spiele), also die nötige Nahrung und vorwiegend derbe Unterhaltung. 200 der 355 Tage des römischen Jahres waren Feiertage. Daß man sich zumindest in Teilen der höheren Kreise dem hemmungslosen Genuß hingab, ist kein Geheimnis. Petronius Arbiter lieferte im »Gastmahl des Trimalchio« – dem Vorbild für den Federico-Fellini-Film »Satyricon« – die Beschreibung eines wilden Gelages, wie es damals zwar nicht die Regel, aber sicher auch keine Seltenheit war. Mittels einer Pfauenfeder brachten sich die Schmausenden immer wieder zum Erbrechen, um sich neue Leckerbissen zuführen zu können. Der Alkohol floß in Strömen, und Sexspiele zwischen den männlichen und weiblichen Gästen – für die Männer stellte der Gastgeber eventuell noch jungfräuliche Sklavinnen zur Verfügung – machten die Orgie perfekt.

Die Dekadenz in der Spätzeit des Römischen Reiches ist sprichwörtlich geworden. Beobachtet man die Geschichte, kehrt der Kreislauf immer wieder: Ein »Herrenvolk« oder eine Oberschicht agieren als »Spaßgesellschaft«, erwecken die Wut und den Neid ihrer Nachbarn oder Untertanen und werden bei passender Gelegenheit entmachtet. In der Regel dauert es aber nicht lange, bis die neuen Machthaber der Versuchung erliegen, punkto Jux und Tollerei in die Fußstapfen ihrer Vorgänger zu treten.

Auch im »finsteren Mittelalter« ging es dank nach wie vor zahlreicher Feiertage weit weniger langweilig zu, als viele annehmen. Und im Lauf der Jahrhunderte zeigt sich, daß auch in den höchsten Kreisen der nun so mächtigen und häufig gegen den Sittenverfall predigenden römisch-katholischen Kirche Unzucht wie einst in den biblischen Städten Sodom und Gomorrha eingezogen ist. Spätestens die »Renaissance« erweist sich nicht nur im kulturellen, sondern auch im allzumenschlichen Bereich als »Wiedergeburt« der Antike. Durchaus glaubhaft wird von einem wilden Gelage im Vatikan berichtet, das Cesare Borgia in Anwesenheit seines Vaters, Papst Alexander VI. (1492–1503), veranstaltete. Ernst Probst schrieb darüber in der »Wiener Zeitung« vom 14. April 2000: »Bei dieser Orgie tanzten die Dirnen nach dem Mahl nackt mit Dienern und anderen Männern, krochen auf dem Boden zwischen brennenden Kerzenleuchtern umher und sammelten ausgestreute Kastanien. Männer, die am häufigsten den Akt vollzogen, erhielten Preise.«

So wild mag es zwar nur ganz selten zugegangen sein, aber daß etliche Päpste und Kirchenfürsten dieser Epoche Vergnügungen aller Art zugetan waren, ist unbestreitbar. »Nun, da wir das Papsttum haben, laßt es uns zumindest genießen«, soll Giovanni de Medici nach seiner Wahl zum Papst – Leo X. (1513–1521) – ausgerufen haben. Sein sittenstrenger Kurzzeit-Nachfolger Hadrian VI. (1522–1523) stellte eine Ausnahme dar und war daher bei der römischen Spaßgesellschaft auch entsprechend unbeliebt.

Natürlich herrschten auch an vielen weltlichen Fürstenhöfen keine Kinder von Traurigkeit. Beim Streifzug durch die Geschichte darf vor allem Frankreich im 18. Jahrhundert nicht fehlen. Dabei muß man noch gar nicht an den sogar seinen sicher nicht prüden Zeitgenossen zu perversen Marquis de Sade denken, dem heute manche in aller Offenheit nacheifern. An der Wiener Operettenbühne hat am 29. Jänner 2005 eine Inszenierung von Leo Falls »Madame Pompadour« Premiere, im Internet wird »ein Sittenbild der damaligen Pariser ›Spaßgesellschaft‹« angekündigt. Von dieser Marquise von Pompadour (1721–1764), Mätresse von König Ludwig XV., stammt der berühmte Satz »Après nous le déluge« – »Nach uns die Sintflut!« Das heute geflügelte Wort, 1757 nach der Niederlage der Franzosen gegen die Preußen in der Schlacht bei Roßbach ausgesprochen, war vermutlich nicht frivol, sondern vorahnend gemeint: Jetzt bricht Schreckliches herein.

Wolfgang Huber, Bischof und Vorsitzender der Evangelischen Kirche in Deutschland, verwies am 13. Mai 2004 bei einem Vortrag in Chemnitz auf die Weiterwirkung dieser Aussage: »Ein Jahr später münzte der Abbé de Mably dieses Wort auf das Verhalten des französischen Parlaments: ›L' avenir les inquiète peu: après eux le déluge.‹ – ›Die Zukunft beunruhigt sie wenig: nach ihnen die Sintflut.‹ In dieser Fassung enthält der Ausdruck eine der schärfsten Anfragen an politisch Verantwortliche, die je formuliert wurden: Wer nach dem Grundsatz verfährt ›Nach uns die Sintflut‹, versündigt sich an der Zukunft.« Weder die Zukunft noch die Vergangenheit liegt Spaßgesellschaften aber besonders am Herzen, sie leben in der Regel nur für das gegenwärtige Vergnügen. Wie fern noch am Vorabend der Französischen Revolution der damaligen Hofgesellschaft die Nöte des Volkes lagen, beweist der naive Satz der Königin Marie Antoinette: »Wenn sie kein Brot haben, sollen sie doch Kuchen essen.«

Natürlich stand auch den einfachen Leuten der Sinn nicht immer nur nach Arbeit, sondern auch nach kurzweiliger Unterhaltung. Johann Nestroy läßt seinen Handlungsgehilfen Weinberl in »Einen Jux will er sich machen« träumen: »Für die ganze Zukunft will ich mir die leeren Wände meines Herzens mit Bildern der Erinnerung schmücken – ich mach mir einen Jux!« Der Wunsch nach einem einzigen Jux, um damit »für die ganze Zukunft« mit Erinnerungen vorzusorgen, mutet sehr bescheiden an. Da er auf die Zukunft gerichtet ist, entstammt er auch keinem waschechten Spaßgesellen.

Wie die sinnlichen Genüsse des Volkes aussehen konnten, zeigt Nestroy in seinem Stück »Der böse Geist Lumpazivagabundus«, dessen Titelfigur sich als »Beherrscher des Lustigen Elends, Beschützer der Spieler, Protektor der Trinker etc. etc.« vorstellt. Lumpazivagabundus hat aber auch Anhänger unter den wohlhabenden Söhnen im Feenreich, für die Fludribus das Wort ergreift: »Wir haben den größten Teil unseres Vermögens durchgebracht, ob wir das Restel haben oder nicht, das ist uns gleichviel; darum wollen wir das auch noch verjuxen.« Nestroys Werk führt sowohl auf der Erde als auch in der Zauberwelt vor, daß wahre Spaßgesellen Geld immer zum Fenster hinauswerfen, weil sie eben nicht an die Zukunft denken. Dabei genießen der Frauenheld Zwirn und der Säufer Knieriem in der Regel mehr die Sympathien des Publikums als der solide Tischler Leim, schon deshalb, weil sie den Spaß in Geselligkeit suchen. So weist Knieriem einen ihm angebotenen edlen Tropfen mit folgender Begründung zurück: »Im Haus schmeckt einem der beste Trunk nicht; im Wirtshaus muß man sein, das ist der Genuß, da ist das schlechteste G'säuf ein Hautgout.«

Den Genuß in Gesellschaft, natürlich zum Aufpolieren der eigenen Reputation, ließ sich vor allem der Adel viel kosten. Werfen wir dazu einen Blick nach Rußland, dessen Kulturgeschichte Orlando Figes in dem Buch »Nataschas Tanz« (2003) sehr anschaulich und ausführlich dargestellt hat. Dort häuften einzelne Familien im 19. Jahrhundert Schulden in der Höhe von Millionen Rubel an: »Verschwenderischer Umgang mit Geld war eine eigentümliche Schwäche der russischen Aristokratie. Das lag zum Teil an Dummheit, zum Teil aber auch an den Angewohnheiten einer Gesellschaftsschicht, die ohne große Mühe und in unglaublich kurzer Zeit zu ihren Reichtümern gekommen war.« Im Haus Scheremetjew wurden jahrelang täglich an die fünfzig Gäste bewirtet, von einzelnen wußten die Gastgeber nicht einmal den Namen. »Auf Kosten der Scheremetjews« bedeutete in Rußland »kostenlos«.

Fast alles im Scheremetjew-Haushalt, selbst Dinge, die es in Rußland im Überfluß gab, wurde aus Westeuropa importiert: Kleider, Juwelen und Stoffe wurden direkt aus Paris geliefert, gewöhnlich vom Versailler Hofschneider, Weine kamen aus Bordeaux, Schokolade, Tabak, Lebensmittel, Kaffee, Süßigkeiten und Milchprodukte kamen aus Amsterdam, Bier, Hunde und Kutschen aus England.

Unter den Dekabristen, einer Gruppe liberaler, demokratisch gesinnter Adeliger, die 1825 an einem Aufstand beteiligt waren, gab es viele, wie den jungen Dichter Alexander Puschkin, die den Kampf um die Freiheit als eine Art Karneval betrachteten und ein recht ungebundenes Leben mit Kartenspielen, Trinken, politischem Debattieren und Bordellbesuchen führten. Das russische Zentrum der Zerstreuung und sinnlicher Genüsse war Moskau: »Moskau war berühmt für seine Restaurants und Klubs, seine glanzvollen Bälle und geselligen Anlässe – kurz für alles, was Petersburg nicht besaß. Petersburger verachteten Moskau wegen seines sündigen Müßiggangs.« Moskau sei ein Abgrund hedonistischer Lust, schrieb Nikolai Turgenjew, ein Dichter aus dem Kreis der Dekabristen: »Alles, was die Leute tun, ist essen, trinken, schlafen, auf Feste gehen und Karten spielen – und all das auf Kosten ihrer leidenden Leibeigenen.«

Figes berichtet von legendären Moskauer Gelagen, die Graf Stroganow, ein Vorfahre jenes berühmten Stroganow, nach dem das Rindfleischgericht benannt ist, gab. Diese berühmten »römischen Abendessen«, bei denen die Gäste auf Sofas lagen und von nackten Knaben bedient wurden, begannen mit Kaviar, Obst und Heringsbäckchen: »Als Nächstes wurden Stirn vom Lachs, Bärentatzen und gebratener Luchs gereicht. Darauf folgten in Honig gerösteter Kuckuck, Leber vom Heilbutt und Rogen von der Rutte, Austern, Geflügel und frische Feigen, gesalzene Pfirsiche und Ananas. Nach dem Essen pflegten die Gäste in die Banja zu gehen und mit dem Trinken zu beginnen. Dazu aßen sie Kaviar, um ordentlich Durst zu entwickeln.«

Wenn man liest, daß Graf Juschkow im Jahr 1801 in seinem Moskauer Palast binnen zwanzig Tagen achtzehn Bälle veranstaltete, und die Scheremetjews in ihrem Park in Kuskowo, wohin sich Kutschenkolonnen von bis zu 25 km Länge bewegten, bei glanzvollen Festen bis zu 50.000 Gäste empfingen, wundert man sich nicht, daß manche Familien bankrott gingen. »Wenn es ums Feiern ging, kannten die Russen wie beim Essen und Trinken keine Grenzen,« schreibt Figes und verweist auf durchgefeierte Nächte mit Strömen von Champagner: »Dieses Moskau pflegte einen nächtlichen Lebensstil, und seine innere Uhr war nach dem gesellschaftlichen Trubel gestellt. Nachdem die Nachtschwärmer am frühen Morgen ins Bett gekrochen waren, frühstückten sie gegen Mittag, nahmen ihr Mittagessen um drei oder sogar noch später ein (Puschkin legte Wert darauf, um acht oder neun Uhr abends Mittag zu essen) und gingen um zehn Uhr abends wieder aus.«

Wo immer Geld und Langeweile, Wohlstand und Freizeit zusammentrafen, bildeten sich in der Vergangenheit Vorläufer der heutigen Spaßgesellschaft. In deren Ahnenreihe gehören sicher Personen und Personengruppen, die ein »Kleines Glossar der Dekadenz« von Dietrich Seybold und Bernhard Sterchi im Internet anführt (http://www.germa.unibas.ch/DeuSem/GeZetera/gez96-2/glossar.html). Da stehen die großen Gelangweilten aller Epochen wie zum Beispiel der römische Kaiser Nero, Rudolf II. von Böhmen, Madame Pompadour und Lord Byron. Da werden die Bohèmiens aus dem radikal antibürgerlichen Künstlerproletariat genannt. Da zählt der von Charles Baudelaire folgendermaßen charakterisierte Dandy dazu: »Der Mann mit Geld und Muße, der trotz einer gewissen Blasiertheit keine andere Beschäftigung kennt, als den Wettlauf nach dem Glück; der im Luxus aufgewachsen ist und von Jugend an gewohnt ist, daß ihm andere gehorchen; kurz – der Mann, der keinen anderen Beruf hat, als den der Eleganz, dieser Mann wird immer und überall durch ein scharf umrissenes Profil ganz besonderer Art hervorstechen.« Baudelaire ließ seine Gedichtsammlung »Fleurs du Mal« in Maroquinleder, das einzige einem Dandy gemäße Material, binden. Vom englischen Dandy Walter Pater heißt es, daß er in Oxford Konferenzen abhielt, deren Teilnehmer darüber berieten, wie Pater sich verschönern könne. Nicht zu vergessen die Pariser Flaneure, die um 1840 ihre Schildkröten spazieren führten und sich von ihnen das Schritttempo aufzwingen ließen, die Snobs oder der von Oscar Wilde imaginierte Club der müden Hedonisten, dessen Mitglieder bei ihren Zusammenkünften eine welke Rose im Knopfloch tragen und den römischen Kaiser und Despoten Domitian verehren.

Roland Girtler, Professor für Soziologie an der Wiener Universität, sieht die heutige Gesellschaft (in einem Telefoninterview für dieses Buch) auf den Spuren des Adels vergangener Jahrhunderte: »Wir leben in einer Welt der Aristokratie, die Distanz zu körperlicher Arbeit wird immer größer. Der Spaß war typisch für den Adel, zum Beispiel die Tierhetzen. Reiche aristokratische Gesellschaften betrieben Tierhetzen, besonders auf Füchse, auch in der Zeit Maria Theresias. Sport war früher ein Bereich der Aristokraten, es durfte keine Zuschauer von außen geben. Als Odysseus als Bettler heimkehrt, erlaubt man ihm zunächst nicht, beim Bogenwettkampf zuzuschauen. Erst Penelope erlaubt es.«

Seither haben sich, so Girtler, die Verhältnisse entschieden geändert: »Jeder ist heute ein Aristokrat. Wir haben heute Zeit für den Spaß. Wir leben in einer Freizeitgesellschaft, jede Sportveranstaltung ist mit Spaß verbunden. Die Leute wollen sich vergnügen. Reisende werden von Animateuren betreut. Die Zeit muß totgeschlagen werden. Früher war die Jagd ein Vergnügen. Heute ist es die Freizeit, der Urlaub, die Drogen. Die Hotels in Thailand sind voll von Pensionisten. Überall treten Unterhalter und Clowns auf. Spaßmacher hat es immer gegeben, schon in den alten Kulturen. Heutige Animateure erinnern an die Gaukler der Hocharistokratie. Früher war das eine Seltenheit, heute ist es eine alltägliche Sache.«

Wenn Roland Girtler die Gegenwart analysiert, sieht er weniger Zusammenhalt in der Gesellschaft und die Möglichkeit, daß wie in früheren Zeiten die herrschende Kultur von einer anderen abgelöst wird:

»In der Agrargesellschaft hatten die Bauern keine Zeit für Spaß, unter Notleidenden war der Zusammenhalt größer. Alte Formen des Zusammenhalts zerfallen, auch die Bauern leben bereits in der Spaßgesellschaft. Eine klassische Spaßgesellschaft war Rom im 5. Jahrhundert. Rom ging zugrunde, als es zum Asyl der ganzen Welt wurde. Das Einrollen der Haare war typisch. Es gibt Parallelen zu heute. Die Vandalen waren ein wilder Volksstamm, sie gingen unter, als sie sich nur noch dem Wohlleben ergaben. Heute kommen junge Völker zu uns, machen sich lustig über unsere Sitten und die

Freizügigkeit. Es gibt eine ständige Ablöse, so wie die Goten die Römer ablösten. Der Islam drängt, das Kopftuch ist dafür ein Symbol.«

Im Fin de Siècle, der Wende vom 19. zum 20. Jahrhundert, liegen die alten Spaßgesellschaften, die sich meist auf kleine Oberschichten beschränkten, in den letzten Zügen. Das Streben nach sinnlichen Freuden hat etwas Morbides an sich, wenn man etwa an die in Arthur Schnitzlers »Traumnovelle« angedeutete Orgie denkt. Vielleicht ist es kein Zufall, daß dieses Werk neuerdings für den Film (Stanley Kubricks finales Opus »Eyes Wide Shut«) und für das Theater (Festspiele Reichenau 2003 im alten Südbahnhotel am Semmering) entdeckt wurde – in der wirklichen oder nur vermeintlichen Endphase der aktuellen westlichen Spaßgesellschaft.

Im Banne von Konsum und Freizeit
Nietzsches »letzte Menschen« und das Glück

Wer die Errungenschaft der modernen Freizeitgesellschaft, auf der die Spaßgesellschaft aufbauen konnte, in ihrer ganzen Bedeutung würdigen will, muß sich vor Augen halten, daß in früheren Zeiten ein hohes Arbeitspensum zur Existenzsicherung nötig war. Die biblische Schöpfungsgeschichte berichtet, daß auch Gott sechs Tage arbeitete, ehe er ruhte. Der aus dem Paradies vertriebene Mensch war dazu verurteilt, »im Schweiße seines Angesichtes« sein Brot zu verdienen. Die jüdisch-christliche Tradition hat daher die Arbeit immer als gottgewollt und gottgefällig angesehen. Als Benedikt von Nursia im 6. Jahrhundert das klösterliche Mönchtum begründete, gehörte der Auftrag zu Gebet und Arbeit (»Ora et labora!«) folgerichtig zum Kern seiner Regel. Die Kirche forderte ein Arbeitsethos und die nützliche Verwendung der Zeit. Zwar gab es im Mittelalter neben 52 Sonntagen auch etwa 100 Feiertage, die aber sollten nicht wie im alten Rom zur Zerstreuung, sondern zur religiösen Sammlung dienen.

Aber auch der vorchristliche griechische Dichter Hesiod (ca. 730–660 v. Chr.) hatte in seinem Opus »Werke und Tage« schon ein Loblied auf die Arbeit gesungen:

> *»Fleißige Arbeit macht dich auch den Ewigen werter*
> *Und den Menschen dazu; sie hassen ja müßige Leute.*
> *Arbeit bringt keine Schande, die Faulheit aber bringt*
> *Schande.«*

Die unangenehmste und härteste Arbeit überließ man freilich immer schon gerne anderen, und viele von diesen Schwerarbeitern, nämlich Sklaven oder Leibeigene, hatten nicht einmal das Recht, am öffentlichen Leben teilzunehmen. Die

Vornehmen hatten das Privileg, sich nicht selbst die Hände schmutzig machen zu müssen. Ihr Leben drohte daher, von Langeweile und Müßiggang geprägt zu sein.

Mit dieser Thematik setzt sich der Dramatiker Georg Büchner (1813–1837) in der Eingangsszene zur Komödie »Leonce und Lena« ironisch auseinander: »Müßiggang ist aller Laster Anfang. – Was die Leute nicht alles aus Langeweile treiben! Sie studieren aus Langeweile, sie beten aus Langeweile, sie verlieben, verheiraten und vermehren sich aus Langeweile und sterben endlich aus Langeweile ... Alle diese Helden, diese Genies, diese Dummköpfe, die Heiligen, diese Sünder, diese Familienväter sind im Grunde nichts als raffinierte Müßiggänger.«

Der Dandy oder der Flaneur waren die typischen Müßiggänger des 19. Jahrhunderts. Sie pflegten bewußt bis in die Details des Alltagslebens einen sehr individuellen Lebensstil und betonten dabei den Widerspruch gegen herrschende Konventionen und gegen den Fleiß und die Seriosität des biederen Bürgers.

Ursula Becher schildert in ihrer »Geschichte des modernen Lebensstils« die Entwicklung zur heutigen Massenkultur, die mit dem Massenkonsum einhergeht. Orientierte der Mensch sich ursprünglich an den Rhythmen der Natur, so legte ihm die Industriegesellschaft nahe, wie eine Maschine zu funktionieren. Becher zitiert den britischen Wirtschaftshistoriker E. J. Hobsbawn: »Industrie bringt die Tyrannei der Uhr mit sich, die das Tempo bestimmende Maschine und das komplexe, zeitlich genau aufeinander abgestimmte Ineinandergreifen der Arbeitsgänge: das Bemessen des Lebens nicht nach Jahreszeiten, sondern nach Minuten, und vor allem eine mechanische Regelmäßigkeit der Arbeit, die allen Neigungen menschlicher Existenz widerstreitet.« Im Unternehmen Krupp waren zum Beispiel im 19. Jahrhundert Arbeitszeiten von 13 Stunden pro Tag, nämlich von 6 bis 19 Uhr, üblich. Die Nachtschicht dauerte, mit einer halbstündigen Pause, von 20 bis 6 Uhr.

Auf diese Situation bezog sich Paul Lafargue, der Schwiegersohn von Karl Marx, als er in einem Buchtitel »Das Recht auf Faulheit« einforderte und schrieb: »Eine seltsame Sucht beherrscht die Arbeiterklasse aller Länder, in denen die kapitalistische Zivilisation herrscht, eine Sucht, die das in der modernen Gesellschaft herrschende Einzel- und Massenelend zur Folge hat. Es ist dies die Liebe zur Arbeit, die rasende, bis zur Erschöpfung der Individuen und ihrer Nachkommenschaft gehende Arbeitssucht.« Dann resümiert er: »Statt gegen diese geistige Verirrung anzukämpfen, haben die Priester, die Ökonomen und die Moralisten die Arbeit heiliggesprochen. (…) Man betrachte den stolzen Wilden, wenn ihn die Missionare des Handels und die Handlungsreisenden in Glaubensartikeln noch nicht durch Christentum, Syphilis und das Dogma von der Arbeit korrumpiert haben, und dann vergleiche man damit den abgerackerten Maschinensklaven!«

Noch am Beginn des 20. Jahrhunderts war es nur einer exklusiven Schicht möglich, beträchtliche Teile ihres Daseins auf Vergnügen und Zerstreuung zu konzentrieren. 100 Jahre später hat sich dieser Personenkreis deutlich erweitert. Was ist in der Zwischenzeit geschehen?

Während der Adel vor der Langeweile schon immer in den Spaß flüchtete, wollten die einfachen Menschen wenigstens bisweilen dem lähmenden Trott gleichförmiger Arbeit entrinnen. Das gelang ihnen ansatzweise erstmals nach dem Ersten Weltkrieg. Hier zeigen sich frühe Spuren einer »Spaßgesellschaft« im 20. Jahrhundert, wenn auch noch nicht unter dieser Bezeichnung und noch nicht als Massenphänomen. »In den zwanziger Jahren muß der Spaß ganz genauso groß gewesen sein«, meinte Vok Dams, der Geschäftsführer einer Eventagentur, im Herbst 2003 bei einer Diskussion in Wuppertal.

An der Spitze dieser Entwicklung stand die Upper Class Amerikas. F. Scott Fitzgerald, der Autor des weltbekannten Romans »Der große Gatsby«, und seine exzentrische Frau Zelda galten als Amerikas Glamour-Paar der hedonisti-

schen Nachkriegsgeneration. Unter dem Titel »Ab die Post«
hat sich Sigrid Löffler, die heftige Kritikerin der modernen
Spaßgeneration, in »Literaturen« (Journal für Bücher und
Themen, 5/2004) mit dem Briefwechsel der Fitzgeralds
befaßt. Sie schildert das flüchtige Glück und spätere Elend –
sie wurde schizophren, er ein schwerer Alkoholiker – der
beiden Egozentriker, die den eleganten Lebensstil dieser
Epoche prägten:

»Als Erfinder und Traumpaar des Jazz-Zeitalters ließen die
Fitzgeralds keine Party in Manhattan aus; sie wirbelten mit
den Reichen und Schönen durch Bars und Nachtclubs, tanzten, stritten und tranken maßlos – in der Prohibitionszeit galt
Suff als Leistungssport –, fuhren ihr erstes Auto zu Schrott,
natürlich ein Sportcoupé, und alberten herum.«

Später pendelte das seit 1920 verheiratete Paar zwischen den
USA, Paris und der Riviera, fehlte bei keinem der damaligen
Vergnügungsevents und heimste mit jugendlichem Charme
große berufliche Erfolge im Literaturbetrieb ein. Aber, so
schreibt Löffler, sie vergeudeten Jugend, Gesundheit und
Talente: »Nach außen hin schien die Glitzerwelt des legendären Paares geradezu drehbuchreif; in Wahrheit amüsierten
sich Scott und Zelda längst zu Tode. Als ihr bizarres Benehmen ihre Einweisung in die Psychiatrie nötig machte, war,
wie Scott sagt, ›die teuerste Orgie der Geschichte zu Ende‹ –
fast simultan mit dem Börsencrash, der die ›Roaring Twen-
ties‹ abrupt beendete.«

Mit der Weltwirtschaftskrise und dem Zweiten Weltkrieg
war der Spaß für eine Weile wieder vorbei. Erst mit dem wirtschaftlichen Aufschwung der fünfziger und sechziger Jahre
änderten sich in den Industrieländern die Arbeitsrhythmen
und die Lebenssituationen für viele deutlich – und damit auch
die Lebensstile. Rudi Carrell, Showmaster der TV-Sendung
»Am laufenden Band«, wußte noch in den siebziger Jahren
ein Liedchen davon zu singen, daß man die Arbeit am Fließ-
band »schon immer fies fand«; man begann den Zuwachs an
Freizeit, Wohlstand und Lebensstandard zu genießen.

Der erste Schritt dieser Entwicklung führte in die Konsumgesellschaft, in der bald jeder wie selbstverständlich über Gebrauchsgüter wie den Kühlschrank, die Waschmaschine, den Staubsauger und vor allem das Automobil verfügte. Von dort war es nicht mehr weit in die Freizeitgesellschaft, in der TV-Geräte und Stereoanlagen, häufiges Ausgehen und Auslandsurlaube alltäglich wurden. Die Werbung suggerierte durch geschickte Ratenzahlungsangebote, daß jeder Luxus erschwinglich sei, und umwarb vor allem das Individuum und die junge Generation. Single-Haushalte nahmen zur Freude der Wirtschaft zu, jetzt konnte sie Geräte, die sonst in einer Familie gemeinsam genutzt wurden, jedem einzeln verkaufen.

Ursula Becher weist in ihrem Buch darauf hin, daß der private Verbrauch pro Haushalt von 1953 bis 1986 deutlich gestiegen ist, vor allem der Konsum von Fleisch, während jener von Kartoffeln und Getreideerzeugnissen, der Grundnahrung in Notzeiten, erheblich gesunken ist. Genußmittel sind alltäglich geworden, der Weinverbrauch stieg von 1951 bis 1986 um das Vierfache. Gleichzeitig nahm die Freizeit zu, »der Raum für eine individuelle Lebensgestaltung, in der sich eine Vielfalt möglicher Lebensstile verwirklichen kann«. Die Bindung an ein soziales Milieu oder eine Klasse hat an Bedeutung verloren, aber auch die Familie. So findet sich das Individuum heute allein in der Welt, es darf und muß sich seinen Freundeskreis und seinen Lebensstil suchen. Der Stand der Dinge in Bechers 1990 erschienenem Buch lautet: »Die gegenwärtige Gesellschaft ist gekennzeichnet durch eine Vielfalt nebeneinander bestehender alternativer Lebensstile, unter denen eine individuell bestimmte Wahlfreiheit möglich und notwendig ist.«

Mit den Spielregeln des Konsums in der modernen Gesellschaft hat sich sehr gründlich Tibor Scitovsky, Professor der Ökonomie an der Universität Stanford, in seinem 1977 auf Deutsch erschienenen Buch »Psychologie des Wohlstands« befaßt. Er weist zunächst darauf hin, daß es eine Beziehung zwischen dem Empfinden eines Bedürfnisses und der Ausführung einer Handlung zu dessen Befriedigung gibt, und zwar seien die Handlungen in der Regel angelernt.

Als die drei wichtigsten Antriebskräfte des menschlichen Verhaltens nennt Scitovsky den Drang, Unbehagen zu beseitigen, die Suche nach Anregung, um Langeweile zu vertreiben, sowie die Lustgefühle, die mit beiden einhergehen und sie verstärken: »Das Bedürfnis des Menschen nach Lust und deren starker Einfluß auf sein Verhalten sind ein grundlegender Bestandteil seines Wesens und müssen bei jeder Theorie über rationales Verhalten in Betracht gezogen werden.«

Scitovsky beschreibt das »Gesetz der hedonistischen Spannung«, daß darin besteht, daß einem Lustgefühl unweigerlich Unbehagen vorausgehen muß. Befinden sich die Menschen ständig auf einer Welle des Wohlbehagens, kann keine echte Lust aufkommen: »Hier stehen wir vor einem Dilemma: Wir müssen uns entweder für die Lust entscheiden und auf etwas Behagen verzichten oder für ein stärkeres Behagen, das dann auf Kosten der Lust geht. Die meisten Menschen sind sich dieser Alternative mehr oder weniger bewußt.« Dies erklärt der Autor so: »Wir wissen fast alle, daß man müde sein muß, um ein warmes Feuer zu schätzen, und hungrig sein muß, um eine gute Mahlzeit zu genießen. Wir wissen auch ziemlich genau, wie man sich seinen Appetit verderben und wie man ihn stillen kann. Manche Eltern achten deshalb streng darauf, daß ihre Kinder zwischen den Mahlzeiten nichts essen und sich so die Fähigkeit des vollen Essensgenusses erhalten.«

Im Konsumzeitalter geht es jedenfalls nicht mehr um das Decken von Grundbedürfnissen, sondern um den Genuß, der zur Sucht werden kann: »Genauso wichtig wie die Beharrlichkeit der Gewohnheiten ist ihre Neigung, die hedonistische Grundtendenz aller Gewohnheiten zu verändern. Die Dinge, die man immer wieder genießt, verlieren durch ihre Wiederholung zwar an Reiz, doch da ihr wiederholter Genuß sie zu einem Bedürfnis gemacht hat, möchte man nicht mehr darauf verzichten.« Als Beispiel dafür erscheint Scitovsky die Drogensucht, wobei mit ihrem Verlauf die berauschende Wirkung der Droge für den Menschen nachläßt: »In dem Moment, wo er süchtig ist, zieht er nur noch wenig oder gar keine positive Befriedigung mehr aus der Droge, und sein wichtigster und oft einziger Beweggrund für deren fortgesetzten Gebrauch ist der Wunsch nach der Erlösung von der Qual der Entzugserscheinungen, die unerträglich sein können.«

Physiologische und psychische Sucht sind oft kaum zu trennen. Während der amerikanischen Prohibition waren laut Scitovsky nur 10 Prozent der Trinker echte Alkoholiker, 90 Prozent hielten sich lediglich an eine alte Gewohnheit. Für Scitovsky »ist die Drogensucht zwar ein Extrem, aber kein untypisches Beispiel dafür, wie Konsumgewohnheiten zustande kommen, wodurch sie motiviert sind und warum sie beibehalten werden«.

Eine Grunderkenntnis von Scitovsky, die schnurgerade zum Verständnis der heutigen Gesellschaft führt, die mit nichts völlig zufrieden ist, aber auch auf nichts mehr verzichten will, bezieht sich auf die vielen Annehmlichkeiten des täglichen Lebens, die zur Gewohnheit und zur Selbstverständlichkeit geworden sind: »Die Nachfrage der Konsumenten nach ihnen bleibt zwar unverändert, aber der ursprüngliche Beweggrund – nämlich der Wunsch nach zusätzlicher Befriedigung – wird durch den neuen und ganz andersartigen Wunsch nach Vermeidung des Schmerzes und der Frustration ersetzt, die mit der Aufgabe einer liebgewordenen Gewohnheit verbunden sind.« Das heißt aber, auch in Scitovskys Diktion, daß die Menschen »verwöhnt« sind.

Die Wirtschaft habe zwar »den Zugang zu den diversen Quellen der Anregung erleichtert«, meint Scitovsky, aber deren Reizgehalt könne sie nicht verbessern. Das Auto biete die Möglichkeit, einen größeren Teil der Umgebung kennenzulernen, aber mit der Häufigkeit des Durchfahrens verliere diese Umgebung naturgemäß mehr an Reiz. So könnten auch andere mühelose Formen des Zeitvertreibs – Fernsehen, Radio oder Schaufensterbummel – immer nur einen begrenzten Reiz oder Genuß bieten: »Denn die eigentliche Quelle der Anregung und Befriedigung ist nicht der Fernsehapparat, das Auto oder das Kaufhaus, sondern die Neuheiten, die sie bieten.«

Was folgt daraus für die der Konsum- und Freizeitgesellschaft folgende, das ausgehende 20. Jahrhundert prägende »Erlebnisgesellschaft«? Letztlich schaffen nicht die Jagd nach den in großer Vielfalt vorhandenen Konsum- und Freizeitangeboten das, worum es den Menschen im ausgehenden 20. Jahrhundert geht – das tolle Erlebnis –, sondern die Fähigkeit des Menschen, seine Eindrücke zu einem Erlebnis werden zu lassen. »Die wahren Abenteuer sind im Kopf«, sang André Heller mit Recht, es gilt also, sich auch in der Reizüberflutung von heute nicht nur einen Kopf der Freizeit, sondern auch einen Kopf der Freiheit zu bewahren.

In Deutschland haben große Geister bereits sehr früh die möglichen Schattenseiten des sich abzeichnenden modernen Lebensstils vorhergesehen. Max Horkheimer und Theodor W. Adorno waren nicht die ersten, als sie 1944 in ihrer »Dialektik der Aufklärung« das Dilemma des modernen Menschen so formulierten: Er bezahlt seinen Triumph über die »äußere Not« mit wachsender »innerer Not«. Schon 1919 hielt der deutsche Philosoph Max Weber eine berühmte Rede zum Thema »Wissenschaft als Beruf«. Gegen Ende sprach er die Probleme der Lebensführung in der modernen, zunehmend rationalistisch geprägten Gesellschaft an und äußerte sich vor allem besorgt über die junge Generation. Denn dieser falle es schwer, einem entzauberten Alltag »gewachsen zu sein«. Webers Fazit: »Alles Jagen nach dem ›Erlebnis‹ stammt aus dieser Schwäche.«

Hans A. Hartmann und Rolf Haubl sagen in ihrem Buch »Freizeit in der Erlebnisgesellschaft« über Max Weber, kaum jemand habe »seinen Zeitgenossen die psychosozialen Folgen des Modernisierungsprozesses drastischer vor Augen geführt als er« und zitieren seine Prognose: »Indem Wirtschaft und Herrschaft zu Systemen werden, mithin zu Sphären des gesellschaftlichen Lebens, die zweckrational geregelt sind, gerät die Lebenswelt unter einen zunehmenden Säkularisierungsdruck. Markt und Bürokratie töten alle Gewißheit eines – ehemals religiös verbürgten – Lebenssinnes ab.«

Weber ist pessimistisch, was die Möglichkeit anlangt, »irgendwelche Reste einer in irgendeinem Sinn ›individualistischen‹ Bewegungsfreiheit zu retten«, er erwartet stattdessen eine »mechanisierte Versteinerung, mit einer Art von krampfhaftem Sich-wichtig-Nehmen verbrämt«. Zugleich könnte, so Weber an Friedrich Nietzsche anspielend, »für die ›letzten Menschen‹ dieser Kulturentwicklung das Wort zur Wahrheit werden: ›Fachmenschen ohne Geist, Genußmenschen ohne Herz‹: Dies Nichts bildet sich ein, eine nie vorher erreichte Stufe des Menschentums erstiegen zu haben«.

Schon in seiner 1883 bis 1884 verfaßten Schrift »Also sprach Zarathustra« (hier zitiert nach der Naumann-Ausgabe, 7. Auflage, Leipzig 1897) stellte Nietzsche die »letzten Menschen« vor, in seiner Sicht finale Produkte der wissenschaftlich-technischen Zivilisation:

»›Wir haben das Glück erfunden‹ – sagen die letzten Menschen und blinzeln.

Sie haben die Gegenden verlassen, wo es hart war zu leben: denn man braucht Wärme. Man liebt doch den Nachbar und reibt sich an ihm: denn man braucht Wärme.

Krank-werden und Mißtrauen-haben gilt ihnen sündhaft: man geht achtsam einher. Ein Thor, der noch über Steine und Menschen stolpert!

Ein wenig Gift ab und zu: das macht angenehme Träume. Und viel Gift zuletzt, zu einem angenehmen Sterben.

Man arbeitet noch, denn Arbeit ist eine Unterhaltung. Aber man sorgt, daß die Unterhaltung nicht angreife.

Man wird nicht mehr arm und reich: Beides ist zu beschwerlich. Wer will noch regieren? Wer noch gehorchen? Beides ist zu beschwerlich.

Kein Hirt und eine Heerde! Jeder will das Gleiche, Jeder ist gleich: wer anders fühlt, geht freiwillig in's Irrenhaus.

›Ehemals war alle Welt irre‹ – sagen die Feinsten und blinzeln.

Man ist klug und weiß Alles, was geschehn ist: so hat man kein Ende zu spotten. Man zankt sich noch, aber man versöhnt sich bald – sonst verdirbt es den Magen.

Man hat sein Lüstchen für den Tag und sein Lüstchen für die Nacht: aber man ehrt die Gesundheit.

›Wir haben das Glück erfunden‹ – sagen die letzten Menschen und blinzeln. – «

Zarathustra scheitert mit seiner Predigt, das Volk erstrebt die Zustände, vor denen er warnt, und so »kommt die Zeit, wo der Mensch nicht mehr den Pfeil seiner Sehnsucht über den Menschen hinaus wirft, und die Sehne seines Bogens verlernt hat, zu schwirren!«

Hartmann und Hubl sehen die Menschheit auf einem ähnlichen Weg wie Neil Postman, wenn sie Nietzsche interpretieren: Der von ihm beschriebene lethargische Zustand gleiche der »Schönen neuen Welt«, die Aldous Huxley 1932 beschrieben hat: »In dieser von Arbeit entlasteten und dafür mit Freizeit belasteten Welt leben Menschen, die ihren Sinn- und Freiheitsverlust kompensieren, indem sie ihre Sinne und ihren Verstand tagtäglich betäuben und diese Betäubung als Glückseligkeit empfinden!«

DIE BALANCE VON ERNST UND SPIEL
Gespräch mit dem Philosophen Konrad Paul Liessmann

Was kennzeichnet in Ihren Augen eine Gesellschaft, die den Titel Spaßgesellschaft verdient?

Ich habe Probleme mit solchen gesamtgesellschaftlichen Charakterisierungen aus einer Perspektive. Wir haben ja in letzter Zeit eine ganze Reihe solcher Zuordnungen gehabt. Innerhalb weniger Jahre durchlebte ich die Risikogesellschaft, die Erlebnisgesellschaft und die Spaßgesellschaft. Das sind im wesentlichen eher Signale an der Oberfläche medialer Wahrnehmung und nicht so sehr wirkliche Veränderungen, die in die Tiefenstruktur einer Gesellschaft gehen.

Gerhard Schulze hat eine sehr umfangreiche Analyse der sogenannten Erlebnisgesellschaft geschrieben, wo ja ein zentrales Moment der Spaßgesellschaft schon drinnen steckt – nämlich daß wir in unseren alltagskulturellen und ästhetischen Verhaltensweisen von einer traditionellen, kontemplativen Art und Weise, uns mit Kunst und Ästhetik auseinanderzusetzen, auf Erlebnis umgestellt haben. Das heißt: Wir wollen die emotionale Qualität des Erlebnisses, wir erwarten sie zumindest von unserer Freizeitkultur. Wir wollen Events, Ereignisse, wir wollen Zerstreuung, wir wollen Aufregung, wir wollen kurzfristige intensive, emotionale Erlebnisse, aber keine langfristige, kontinuierliche, ernsthafte Auseinandersetzung mehr.

Und wenn man jetzt kurzfristig von der Spaßgesellschaft sprach, dann meinte man wohl, daß an der Oberfläche eine prinzipiell hedonistische Einstellung bemerkbar war. Der Hedonismus ist ja ein seit der Antike diskutiertes Lebensprinzip, das eben besagt, sein Leben auf den Gewinn und die Maximierung von Lust einzustellen. Und alles, was dann nicht mit Lust, mit Spaß, mit Unterhaltung zu tun hat, sondern was mit den altertümelnden Gegenbegriffen – mit Arbeit, mit Pflicht, mit Ernsthaftigkeit, mit Verpflichtung, mit Verantwortung – zu tun hat, läßt man beiseite. Wir haben schon in den achtziger, neunziger Jahren diese Debatte gehabt, ob wir zunehmend eine Gesellschaft sind, die hedonistisch den unmittelbaren Lustgewinn, den Spaß, die Unterhaltung und die Zerstreuung sucht und auch findet, vor allem im reichhaltigen Medien- und Eventangebot, und die Arbeit genau diesen Maximen unterordnet. Von Montag bis Freitag wird hart gearbeitet, und von Freitag bis Sonntag wird durchgetanzt. Das war sozusagen das Parademodell.

Mit entsprechenden Auswirkungen am Montag …

Je nachdem, es kommt wahrscheinlich darauf an, welche Drogen man übers Wochenende genommen hat, und wie fit man sich dann wieder in den Arbeitsprozeß eingliedern läßt. Das waren so Vorstellungen einer hedonistischen Spaßgesellschaft, die herumgegeistert sind, genauso wie natürlich die Unterhaltungsprogramme der privaten und zunehmend auch der öffentlichen Fernsehsender dieses Moment verstärkt haben.

Allgemein sind also Kennzeichen einer Gesellschaft, die man als Spaßgesellschaft bezeichnen kann, die hedonistische Einstellung, das Maximieren der Lust auf allen Gebieten, das Betonen des Konsumierens statt produktiver Aktivität?

Nur würde ich sagen, das sind Momente, die es in jeder sich selbst organisierenden Gesellschaft gegeben hat. Was wir Spaßgesellschaft nennen, dafür gab es im antiken Rom die Formel »Panem et circenses«. Das heißt, auf der einen Seite wollen wir natürlich Lebensgrundlagen haben und sind auch bereit, etwas dafür zu tun. Wir arbeiten ja auch wahrscheinlich mehr als je eine Gesellschaft vor uns. Auf der anderen Seite wollen wir zerstreut und unterhalten werden. Dieses Moment der Zerstreuung, des passiven Konsums, ist ja etwas, das Großgesellschaften immer schon gekennzeichnet hat. Es

sind immer Spiele veranstaltet worden, Theaterstücke inszeniert worden, modern gesagt: Events gemacht worden.

Spaß bedeutet nicht nur – auch wenn wir das in der modernen Spaßgesellschaft mitunter so aufgefaßt haben – Individualisierung, sondern man darf nicht vergessen, daß im Spaß auch
Kollektivierungsprozesse stattfinden. Menschen haben ja wenig
Spaß, wenn sie allein Spaß haben, sie wollen ja gemeinsam Spaß
haben. Deswegen strömen ja immer Tausende zu Events. Deswegen ist auch der einsame Spaß, sich allein vor dem Fernseher
eine Talkshow anzuschauen, nicht wirklich spaßig. Zu jedem
guten Spaß gehört die gesellige Runde. Schon Kant sprach
davon, daß der Mensch nicht nur immer arbeiten und denken
kann, sondern er muß sich auch hin und wieder in geselliger
Runde zusammenfinden, wo es gestattet ist – und das ausgerechnet von Kant! –, Unverbindliches zu sagen, was nicht auf
die Waagschale gelegt wird, weil der Mensch sich eben auch auf
diese Art und Weise unterhalten will. Dieses Bedürfnis, auch
einmal Unernstes sagen zu dürfen, nicht immer Rechenschaft
darüber ablegen zu müssen, was man gesagt hat, also diese
Freude an der Nicht-Ernsthaftigkeit, die gehört schon zu unserem Wesen. Das gehört ganz wesentlich dazu.

Man kann natürlich sagen, daß das in bestimmten Erschei-
nungen der Mediengesellschaft ein inszenierter Spaß ist. Das
heißt, daß die Spontaneität, über einen Witz zu lachen, in
einer Talkshow geprobt wird, inszeniert wird, und dann soll
halt das Millionenpublikum auch darüber lachen, auch wenn
es wenig zu lachen gibt. Es gibt natürlich nichts Trostloseres
als die industriell vorfabrizierten Produkte der Spaßgesellschaft. Also ich habe darüber nie sonderlich lachen können.

*Auf welche Gesellschaft oder auf welche Gesellschaftsschichten
der Vergangenheit hätte aus Ihrer Sicht eine Bezeichnung wie
Spaßgesellschaft am ehesten zugetroffen?*

Spaß hat ja einen Gegenbegriff, das ist der Ernst. Und in jeder
Gesellschaft, und in jeder Gesellschaftsschicht gibt es immer

diese Mischung – vornehm mit Schiller gesagt – zwischen Spiel und Ernst. Der Mensch ist auf der einen Seite das Wesen, das um die Ernsthaftigkeit seines Daseins weiß, weil er das einzige Wesen ist, das weiß, daß es sterblich ist. Auf der anderen Seite ist er das einzige Wesen, das spielen kann, das die Freiheit hat, Dinge zu tun, die keinen Nutzen haben. Ich denke, daß das eine unglaubliche Errungenschaft ist, das Spielerische, das Nutzlose, Dinge um ihrer selbst willen tun, Dinge zu simulieren, Dinge nachzuahmen, ohne daß es notwendig wäre. Jedes Kind, das beginnt, einen Erwachsenen nachzuäffen, und seine Freude daran hat, artikuliert jenen ganz urtümlichen Trieb, den Schiller Spieltrieb genannt hat und der natürlich auf der anderen Seite den Notwendigkeiten gegenübersteht, denen wir ebenfalls unterliegen. Das ist der Ernst des Lebens mit allem, was dazugehört: Arbeit, Reproduktion, Verantwortung, Politik, früher paradigmatisch Krieg. Das würden wir heute wahrscheinlich anders sehen. Aber der Spaß hörte sich früher in einer Gesellschaft auf, wenn der Krieg begonnen hat. Das war der Ernstfall, wo dann genau die Tugenden erforderlich waren, die sich eben von den Verhaltensweisen in der zivilen Spaß- oder Spielgesellschaft unterschieden haben.

Es ist ja interessant, daß gerade mit dem 11. September 2001 das Ende der Spaßgesellschaft verkündet wurde …

Richtig, genau aus dem Grund übrigens. Weil man da im Grunde auf ein uraltes, seit der Antike theoretisch reflektiertes Konzept zurückgriff, daß die Bedrohung der Ernstfall ist. Und auf den Ernstfall reagiert man mit Ernst und nicht mit Spaß. Da hört sich sozusagen alles Spielerische, auch alles spielerische Einüben in Ernstfälle auf. Das hat man ja auch gemacht. Jede Armee hat ihre Strategiespiele und probt ihre Landungen und macht ihre Manöver. Das mag manchmal anstrengend sein, es ist aber immer noch Spiel, es ist Manöver, es ist nicht der Ernstfall. In dem Moment, wo der Ernstfall eingetreten ist, kippt das Ganze um. Da weiß man, jetzt geht es tatsächlich wieder um Tod und Leben. Und wenn es um Tod und Leben geht, hört sich der Spaß auf. In früheren Gesellschaften war das selbstverständlich.

Problematisch war es ja immer nur, wenn man versucht hat, die Ernsthaftigkeit auch auf andere Teile der Gesellschaft zu übertragen, also zum Beispiel die Gesellschaft so zu militarisieren, als würde ständig der Ernstfall drohen oder als wäre permanente Kriegsbereitschaft vorausgesetzt. Totalisierende Gesellschaften haben das sehr stark gehabt, deswegen kennen die auch wenig Spaß. Oder es dient der Spaß sehr vordergründig nur zur ideologischen Gängelung und Fesselung der Menschen, wie man es in der Unterhaltungsindustrie bei den Nazis oder im stalinistischen System gesehen hat, weil gerade politisch totalitäre Systeme, die ständig auf Einsatz und Ernsthaftigkeit abstellen, letzten Endes Kriegsbereitschaft voraussetzen, also die Bereitschaft, das Leben in Frage zu stellen.

Und so gesehen könnte man natürlich seit dem 11. September sagen: Dieser hedonistische Grundzug, der die Erlebnisgesellschaft der neunziger Jahre gekennzeichnet hat, ist gekippt, dieses Wissen, es kann uns im Grunde nichts passieren: Wenn uns was passiert, so ist das Zufall oder Unfall. Wir sind die reichste Gesellschaft, die es je gegeben hat, warum sollen wir es uns nicht gut gehen lassen, welchen anderen Sinn hat das Dasein noch als Spaß zu haben und sich zu zerstreuen?

Und da tauchten ja auch diese Maximen auf, daß alles, was irgendwie sinnvoll getan werden muß oder getan werden soll, nur dann getan werden kann, wenn es Spaß macht. Lernen muß Spaß machen, Arbeit muß Spaß machen, Liebe muß Spaß machen, Familie muß Spaß machen. Was nicht Spaß macht, hat seine Legitimation verloren gehabt. So gesehen haben wir schon bis zu einem gewissen Grad dieses Element der Hedoné, der Lust, zu einem ganz entscheidenden Maßstab auch unseres Alltagslebens gemacht. Mittlerweile wissen wir, man muß auch Dinge tun, die keinen Spaß machen, die ernst sind und aus Ernsthaftigkeit zu tun sind.

Sie vertreten die Meinung, daß wir in keiner Spaßgesellschaft leben. Haben wir zeitweise in einer solchen gelebt?

Die Spaßgesellschaft wurde von Feuilletonisten ausgerufen, und sie wurde auch durch feuilletonistische Erklärungen wieder beendet. Das heißt: In den neunziger Jahren wurde die Spaßgesellschaft in Feuilletons, aber noch mehr in den sogenannten Zeitgeistmagazinen ausgerufen, in den Hochglanzblättern, wo man gedacht hat, die Menschheit interessiert überhaupt nur noch, auf welchen Partys man wie gekleidet mit wem erscheinen muß. Wenn man diese Zeitschriften gelesen hat, den »Wiener« in seiner Frühphase und »Tempo« und wie die alle geheißen haben, hat man wirklich geglaubt: Das ist jetzt das Leben. Das Leben spielt sich irgendwo im Bermuda-Dreieck ab oder in Schwabing oder je nachdem, wo halt diese Zentren waren, und sonst gibt es nichts mehr. Da wurde großartig die Spaßgesellschaft ausgerufen. Ich glaube, das war einfach die Selbstbeschreibung einer privilegierten, von sich selbst gelangweilten Minderheit, die verzweifelt nach Spaß gesucht hat. Und von eben denselben Zeitgeistdiagnostikern wurde die Spaßgesellschaft beendet, als alle so erschüttert waren über den 11. September. Das heißt: Das ist ein Oberflächenphänomen.

Aber hat sich die Zahl der Events wirklich so dramatisch reduziert?

Sie hat sich kurzfristig reduziert. Also unmittelbar nach dem 11. September schon. Und es hat, glaube ich, auch weil Medien Stimmung machen, die Stimmung in der ersten Phase danach ein bißchen verändert. Es sind plötzlich sehr nachdenkliche Artikel erschienen, daß die Zeit des Spaßes vorbei sei, daß wir jetzt wieder in ein Zeitalter der permanenten Bedrohung eingetreten sind, daß der Kampf gegen den Terror jeden angeht, daß wir alle aufgerufen sind, gegen den Terror zu kämpfen, wachsam und aufmerksam zu sein. Diese Bedrohungsszenarien, verbunden mit Mobilisierungsrhetorik, das verdirbt einem einfach den Spaß. Was nichts daran ändert, daß die, die vorher in die Clubbings und Discos gegangen sind, das auch nachher getan haben. Natürlich gibt es diese Eventszene nach wie vor, aber sie steht nicht mehr so im Vordergrund der medialen Reflexion und Berichterstattung. Ich spüre das in der Weise nicht mehr. In diesem schmalen Segment der gelangweilten Oberschicht hat ein anderer Ton Einzug gefunden.

Man hat ja auch die neue Sparsamkeit ausgerufen und das Nulldefizit angepeilt …

Also das Nulldefizit war wahrscheinlich einer der größten Killer der Spaßgesellschaft, weil – ich rede jetzt nicht von der volkswirtschaftlichen Bedeutung, sondern nur von der Rhetorik – diese Nulldefizit- und Sparsamkeitsrhetorik natürlich genau den Spaß an dem verdirbt, was wirklich Spaß macht, nämlich nutzlos ausgeben zu können. Es gibt glänzende Reflexionen darüber, daß die Verausgabung eine unendliche Quelle der Lust ist, und je sinnloser und nutzloser die Verausgabung, umso schöner und umso mehr Spaß hat man daran. Bei Adorno etwa erscheint das barocke Feuerwerk als Inbegriff dieser Form von ästhetischem Vergnügen, wo ja wirklich unendliche Geldwerte binnen weniger Sekunden im wortwörtlichen Sinn in den Himmel verpulvert werden.

Für einen Staat, der um das Nulldefizit ringt, wäre die Veranstaltung eines barocken Feuerwerks im wirklichen oder im metaphorischen Sinn natürlich ein Unding. Wir müssen sparen, den Gürtel enger schnallen, die Ressourcen werden knapper, wie jede gute Hausfrau muß der Finanzminister jeden Euro umdrehen, so etwas schafft eine andere Mentalität. Das ist nicht mehr diese Mentalität der Verausgabung, sondern der Zurücknahme, des Zurückhaltens, der Askese, und die ist ja bekanntlich das Gegenteil von Spaß. Natürlich kann diese neoliberalistische Wende, wenn man der These von Max Weber folgt, den ursprünglichen calvinistisch-protestantischen Grundzug des Kapitalismus nicht verleugnen. Wer ständig fit sein muß für den Wettbewerb, wer ständig das, was er sich erwirtschaftet hat, nicht genießen darf, sondern wieder investieren muß, wer ständig bereit sein muß, der Konkurrenz gegenüberzustehen – so haben wir ja momentan auch eine wahnsinnige Kriegsmetaphorik im Wirtschaftsleben. Das macht ja auch die Aura der Globalisierung aus. Wir sind nirgends mehr sicher, von überall her, global. Es gibt Länder, die alle im Aufbruch sind. Am stärksten ist natürlich wieder einmal China im Aufbruch, seit dem 19. Jahrhundert geistert das so herum. Und wenn wir hier nicht gewappnet sind, wenn wir uns jetzt nicht für diesen Kampf fit machen, dann werden wir im Wettbewerb untergehen. Ich glaube nicht, daß sich der Mensch sehr geändert hat, aber die Rhetorik hat sich geändert. Diese Rhetorik im frühen 21. Jahrhundert unterscheidet sich doch sehr deutlich von jener der achtziger und frühen neunziger Jahre.

Vor allem in den achtziger Jahren, in der großen Zeit der Postmoderne, da hat das Leben wirklich Spaß gemacht. Die Welt war irgendwie aufgeteilt, es ist nichts weitergegangen. Man hat damit gerechnet, daß die zwei Blöcke sich halbwegs friedlich noch 50, 100 oder 150 Jahre starr gegenüber stehen werden. Man hat sich im Schatten des Eisernen Vorhanges und der Mauer gemütlich eingerichtet, hat hin und wieder gegen ein paar Atomsprengköpfe protestiert, aber ansonsten der Ästhetisierung des Lebens freien Lauf gelassen. Und das ist umgekippt. Jetzt stehen wir alle im globalen Wettbewerb, und jeder muß schauen, daß er an sich arbeitet und nicht untergeht. Ob das jetzt im Leben der Menschen wirklich dazu geführt hat, daß sie weniger Tanzveranstaltungen und mehr Fortbildungskurse besuchen, weiß ich nicht. Das greift ja auch nicht so schnell. Aber man kann natürlich schon die Beobachtung machen, daß gerade dort, wo das zentrale Adressatensegment für Spaßgesellschaft, für Eventkultur und Erlebnisgesellschaft gewesen ist – die Yuppie-Kultur, die aufstrebenden jungen EDV-Menschen und dergleichen mehr, die ja auch in den frühen neunziger Jahren in relativ kurzer Zeit viel Geld verdient haben –, daß dort mittlerweile eine depressive Stimmung eingezogen ist. Natürlich auch weil die New-Economy-Blase geplatzt ist und weil sich sehr viele Freiberufler unter sich radikal verschlechternden Arbeitsbedingungen wiederfinden mußten.

Wie beginnen und wie enden Spaßgesellschaften?

Ich würde sagen: Sinnvoll kann man diesen Begriff nur verwenden, um so allgemeine stimmungsmäßige Mentalitätswandel zu bezeichnen. Und ich denke eben, sie beginnen, indem sie von Leitmedien ausgerufen werden und der Begriff in Kommentaren auftaucht …

Aber es muß wohl wirtschaftlich ein gewisser Überfluß vorhanden sein?

Natürlich, dieses hedonistische Lebensprinzip hat auf der einen Seite im Ökonomischen eine gewisse Saturiertheit zur Voraussetzung, man muß die Möglichkeiten haben. Auf der anderen Seite sind es Gesellschaften, wo zumindest die Eliten kein echte Aufgabe vor sich sehen.

So wie früher die Aristokraten?

Richtig, die waren zeitweilig die paradigmatischen Träger einer Spaßgesellschaft. Die haben ja zum Teil sogar Kriege geführt, weil ihnen langweilig war, zumindest in der Literatur. Der klassische Ritter zog auf Aventiure aus, suchte das Abenteuer. Das hat auf der einen Seite zum ritterlichen Ideal gehört, auf der anderen Seite war man auf Abenteuer aus, suchte den Spaß im Zweikampf, in der Herausforderung, weil es daheim auf der Burg stinklangweilig war.

Man wollte gleichsam in einem die Zeit und den Gegner tot-schlagen?

Natürlich. Ich glaube schon, daß die zentrale Kategorie der Langeweile eine der Vorbedingungen für eine Spaßgesellschaft ist. Derjenige, dem nicht langweilig ist, hat auch nicht das Bedürfnis, sich durch Spaß zerstreuen und ablenken zu müssen. Und auch Gesellschaften ist langweilig, wenn sie keine Aufgabe haben, sei es, daß sie sich selbst keine stellen, sei es, daß ihnen von außen keine gestellt wird. Durch die terroristischen Bedrohungen haben wir plötzlich eine Aufgabe, wir müssen uns irgendwie wehren. Da fängt man sofort an zu diskutieren: Ist das wirklich so? Was sind die richtigen Methoden? Sollen wir Bürgerrechte aufgeben, um uns zu schützen? Was ist wichtiger: Sicherheit oder Freiheit? Da hat man plötzlich ein Thema, und da hört sich auch der Spaß auf. Das diskutiert man nicht mehr spielerisch, sondern da geht es ja wirklich jetzt um Lebensorganisation, um Verwendung von Ressourcen, um Aufrüstung, um Abrüstung, um Geheimdienste und Lauschaktionen, und alles wird da sehr ernst diskutiert. Amerika hatte immer eine Aufgabe oder hat sich selbst eine Aufgabe gestellt: die Welt vom Reich des Bösen zu befreien, die Welt zu demokratisieren, den Kapitalismus durchzusetzen. Auch wenn die Amerikaner Pop-Kultur machen, wirken sie wesentlich missionarischer. Die Hippie-Bewegung hätte nie so in Europa entstehen können, obwohl Europa damals friedlicher war als die USA. Dieses Missionarische, immer eine Aufgabe zu haben – das mag in der amerikanischen Mentalität seit der Erschließung dieses Landes wirklich tief verwurzelt sein.

Das hat Westeuropa nach den Katastrophen des 20. Jahrhunderts nicht gehabt. Die Aufgabe war, sich vor dem Kommunismus zu schützen, und diesen Schutz haben im wesentlichen die Amerikaner und die NATO übernommen. Was hätten wir anderes tun sollen, als den Lebensstandard zu steigern und uns zu zerstreuen? Seit dem Fall des Eisernen Vorhanges ist die

Welt anders geworden, und man kann sich zumindest wieder Aufgaben suchen. Daß wir das ungern tun, merken wir an der Europa-Debatte. Europa könnte ja wirklich ein ernsthaftes Projekt sein, aber es zieht nicht so richtig, es ist noch nicht wirklich eine Aufgabe geworden, von der wir glauben, daß sie schöner ist als der Spaß, den wir auch haben können.

Meine Frage an den Philosophen: Genügt Spaß als Lebenssinn und Lebensinhalt?

Wenn Sie mich persönlich fragen, so genügt er natürlich nicht. Erstens ist Spaß ja schon eine Art abwertende Form gegenüber dem, was man klassisch Lustprinzip nennen könnte.

Wie läßt sich Spaß begrifflich abgrenzen gegenüber Lust, Freude, Vergnügen, Zerstreuung?

Spaß hat für mich gegenüber diesen Begriffen zwei Dimensionen. Auf der einen Seite ist er oberflächlicher. Spaß ist noch ephemerer als die Lust. Man hat schon seit der Antike gewußt, daß die Lust keine Dauer hat und daß das ein Problem darstellt. Nietzsche hat ja daraus das Postulat formuliert: Alle Lust will Ewigkeit. Aber keine Lust hat Ewigkeit. Lust ist noch ein tiefes Empfinden, tief auch deshalb, weil es keine Lust ohne Schmerz gibt. Das war ja Epikurs Problem. Wie kann ich mir Lust verschaffen, ohne Schmerzen zu haben? Das geht nicht, also, sagt Epikur, ist es besser, auf die Lust zu verzichten, denn eines wollen wir ganz sicher nicht: daß uns irgend etwas weh tut. Die Spaßgesellschaft ist der Versuch, Lust ohne Schmerz zu vermitteln. Das ist ganz wichtig. Das, was unter dem Titel Spaßgesellschaft oder Strategien der Spaßgesellschaft läuft, hat ja immer den einen Hintergrund: Nichts darf wehtun, nichts darf anstrengend sein.

Ich kenne das nur aus diesen pädagogischen Diskussionen: Lernen muß Spaß machen. Nur nicht einen Schüler quälen. Kein Pädagoge dürfte es heute noch wagen, zu sagen: Lernen tut weh, Nachdenken tut weh. Es macht eben wirklich keinen Spaß, wenn man versucht, eine komplizierte mathematische Formel oder ein physikalisches Gesetz zu begreifen, oder wie die Schlachten der Antike geschlagen worden sind. Das kann auch langweilig sein, das kann auch anstrengend sein, das kann auch mitunter unsere Möglichkeiten übersteigen, und das kann frustrierend sein. Das darf nicht sein. Es muß lustbetont und spaßbetont sein. Und es darf keinen Schmerz verursachen. Da hat man übrigens genau diese antike Weisheit, daß es keine Lust ohne Schmerz gibt, vergessen. Und ich denke, deswegen muß der Spaß, wenn er wirklich schmerzfrei sein soll, extrem oberflächlich sein.

Und Spaß in der Mediengesellschaft hat für mich noch eine zweite Dimension: Er ist konstruiert, er ist ein verordneter Spaß. Und das gefällt mir überhaupt nicht, weil ich mir nicht gerne etwas verordnen lasse. Und wenn es um diese philosophische Reflexion von Lebenskonzepten geht, dann ist mir eine nietzscheanische Variante, die diesen Zusammenhang von Lust und Leid noch kennt, die die Lust nicht verleugnet, sondern im Gegenteil in der Lust einen ganz entscheidenden Motor für unser Leben sieht, aber weiß, daß das seinen Preis hat, wesentlich lieber als diese oberflächliche Suggestion, es gäbe so etwas wie einen Spaß, der nichts kostet.

Ist die Suche nach Spaß eher Kennzeichen einer egoistisch oder einer altruistisch ausgerichteten Gesellschaft?

Wir interpretieren es gerne als egoistisch. Natürlich ist unsere Gesellschaft egoistischer geworden, das Konsumverhalten ist bis zu einem gewissen Grad ein egoistisches Verhalten, zum Teil ein egomanisches, ein sehr einsames. Aber es gibt natürlich Freuden, die bis zu einem gewissen Grad nur in Gemeinschaft genossen werden können. Das muß jetzt nicht immer reelle Gemeinschaft sein, das kann auch eine virtuelle Gemeinschaft sein, das können auch imaginierte Gemeinschaften sein. Der Inbegriff des Hedonisten ist ja auch die

Orgie, ist ja auch eine Form von Gemeinschaft, nicht die einsam genossene Lust. Ich glaube, daß es keine Gesellschaft gibt, die ohne kollektive Lusterregungen auskommen kann.

Geht der Spaß nicht manchmal auf Kosten anderer, die keinen Spaß daran haben, während andere sich ergötzen?

Spaß kostet immer etwas. Kollektiv organisierte Lustbarkeiten haben immer die Voraussetzung, daß andere, sei es als Objekte, sei es als diejenigen, die die Vorbereitungen dafür treffen müssen, keinen Spaß daran haben. Wir organisieren natürlich Spaß, Erlebnisse, Events, so wie wir alles organisieren im Rahmen der Arbeitsteilung. Da ist es völlig klar, daß auch Menschen dafür zuständig sind, daß wir Spaß haben. Aber die haben natürlich keinen oder wenig Spaß daran, wenn sie servieren müssen, alles bereitstellen müssen, nach einem Event den Dreck wegräumen müssen. Tiefer ginge es natürlich, und das wäre eine andere Dimension, die auch in ein anderes Feld führen würde: der Spaß, der dadurch entsteht, angefangen von Schadenfreude bis hin wirklich zur Lust, deren Quelle die Erniedrigung des anderen ist. Das ist nicht das, was unter dem Titel Spaßgesellschaft floriert.

Es gibt schon noch einige Phänomene dieser sogenannten Spaßgesellschaft, die interessant wären, zum Beispiel die Lust an der Selbstentblößung, wie es die Talk-Shows vorexerziert haben. Ein Problem, das mir immer zu denken gibt. Ich sehe da wirklich nichts Spaßhaftes dran, ich bin nur peinlich berührt, wenn Menschen ihr Innerstes nach außen kehren. Und da frage ich mich schon: Warum kann das soviel Spaß machen? Es gehört in der Mediengesellschaft zur Spaßgesellschaft unbedingt das Thema des Voyeurismus. Natürlich ist der Voyeurismus immer schon eine Quelle der Lust gewesen. Nur: Wir organisieren den Voyeurismus kollektiv und medial.

Wenn eine Gesellschaft völlig umkippt in eine ernste, geschlossene Gesellschaft, zum Beispiel im Iran nach dem Sturz des Schah-

Regimes. Ist so ein Umkippen jederzeit in einer Gesellschaft mög-
lich oder nur dann, wenn die Oberschicht sehr abgehoben und
im Luxus gelebt hat wie auch vor der Französischen Revolution?

Auch die Französische Revolution hat gezeigt, daß eine
Gesellschaft, die eine sehr luxurierende Oberschicht hat
und eine sehr große verarmte Schicht, dazu tendieren kann,
umzukippen in eine kollektiv verordnete Askese. Das heißt,
daß man das, worunter ohnehin die meisten Menschen leben
mußten, in Armut und Mangel, daß man das zu einem gesellschaftlichen Prinzip macht. Aber das sind dann natürlich
auch Formen einer gewissen Freudlosigkeit. Da geht es dann
gar nicht um Spaß haben oder nicht haben, sondern um das
Verbieten von Lust und Lüsten, um einen Asketismus, der
den Typus Robespierre genauso gekennzeichnet hat wie den
Typus sowjetischer Revolutionär oder genauso den Typus fun-
damentalistischer Revolutionär. Das ist mir höchst suspekt.
Ich würde schon diesen Versuch, eine Balance von Ernst und
Spiel herzustellen, wie es Schiller in seiner »Ästhetischen
Erziehung« formuliert hat, als die eigentliche Herausforderung begreifen, um nicht in die eine Seite, aber auch nicht in
die andere, die dann nur noch oberflächlich und dumm sein
kann, hineinzukippen.

Univ.-Prof. Dr. Konrad Paul Liessmann lehrt Philosophie an der
Universität Wien.

Die Gesellschaft der Erben beginnt erst
Gespräch mit dem Demoskopen Rudolf Bretschneider

Was gehört für Sie dazu, damit man überhaupt von einer Spaß-gesellschaft reden kann?

Als sozialwissenschaftlich getrübter Mensch hat man norma-lerweise immer seine Probleme mit allen diesen Bindestrich-Gesellschaften: Informationsgesellschaft, postindustrielle Gesellschaft und postpostindustrielle Gesellschaft und daher auch Spaßgesellschaft. Es kommen aber diese Bezeichnungs-moden auch nicht zufällig zustande, so wie auch Erlebnisge-sellschaft, weil man üblicherweise den Blick nicht so sehr auf das richtet, was in 90 Prozent einer Gesellschaft die üblichen tradierten Werthaltungen sind. Sondern man lenkt den Blick dann gern auf die Dinge, die neu erscheinen und neu auffal-len, und etikettiert dann die Gesamtgesellschaft nach diesen neuen Phänomenen. Das taucht auch in den Medien und etwa bei der Betrachtung der Jugend gern auf. Zwei Dinge sind im besonderen Blickpunkt: Das sind die besonders Auffälligen, nämlich am oberen Rand die, die besonders lustig und auffäl-lig leben, die neuesten Marken tragen und artikulationsfähig sind, und die eher sehr Benachteiligten, also drogenabhän-gige und kriminelle Jugendliche, obwohl sie mengenmäßig gar nicht das Gros der Jugend darstellen. Und ähnlich ist es mit Dingen wie Spaß und Hedonismus oder Hochleistungs-gesellschaft etc. Das sind neue Phänomene, auf die sich dann die Aufmerksamkeit richtet.

Was sind nun die Merkmale einer Spaßgesellschaft?

Es sind sicher in gewisser Weise extrem starke Ausprägungen von dem, was man als Hedonismus bezeichnet. Also eine stark genußorientierte Gesellschaft mit der Zusatzvariante Lachen,

Fröhlichkeit, Vergessen der Probleme, die es rundherum gibt, Fun haben um des Funs willen. Eine Gesellschaft, die in gewisser Weise rücksichtslos ihren Unterhaltungslüsten huldigt und dabei den Rest der Welt vergißt, wobei man auch oft nur unterstellt, daß sie diesen vergißt. Denn wir alle feiern gelegentlich und vergessen dabei zumindest für ein paar Stunden den Rest der Welt. Oder es gibt in allen Gesellschaften, ob das jetzt Spaßmomente sind oder ob man es anders bezeichnet, Phasen des Aussteigens aus dem normalen Trott. Das bezeichnet man üblicherweise als Feste, wenn sie ritualisiert sind, also zu bestimmten gesellschaftlichen Anlässen, etwa einem Feiertag, oder aber auch zu persönlich-familiär bezogenen Anlässen, wo man dann auch nicht die Gesamtproblematik der Welt mitdenkt, wenn man sich sinnlos unterhält und dabei furchtbar viel lacht.

Es gibt ja eine gewisse Ambivalenz. Auf der einen Seite will man den Spaß für sich, das ist eher ein egoistischer Zug, auf der anderen Seite fühlt man sich wahrscheinlich meist wohler, wenn man den Spaß in Gemeinschaft genießen kann.

Gerade die Gruppe, die häufig mit Spaßgesellschaft assoziiert wird, und zwar bis zu einem gewissen Grad auch zu Unrecht, nämlich die Jugendlichen, sind außerordentlich stark gruppenorientiert. Sie haben Spaß, Hetz, wie immer man dazu sagt, am Miteinander und nicht allein, nicht solistisch. So gesehen ist das etwas durchaus Soziales, und das starke Erleben in der Gruppe ist etwas sehr Jugendtypisches. Es ist bis zu einem gewissen Grad auch eine Abgrenzung von Elternhäusern, falls die existieren und nicht Durchhäuser sind. Es ist teilweise auch jeweils eine Abgrenzung gegenüber der vorherigen Jugendkohorte, die dann die Scherze der nächsten nicht mehr versteht. Und das ist der eigentliche Zweck, und die Hetz hat man dabei, daß einen schon die Einundzwanzig- oder Fünfundzwanzigjährigen nicht mehr verstehen, wie man mit 16 ist. Das sind dann Oldies. Dieses Wertlegen auf

»Niemand versteht meine Musik, niemand versteht unsere Scherze, niemand versteht, wie wir uns lustig machen«, und zwar im mehrfachen Sinn des Wortes Lustigmachen, über die anderen, aber auch über sich selbst, dieses Nichtverstandensein ist auch Teil eines sozialen Spiels.

Muß man Spaßgesellschaft immer gleich mit dem, was altmodisch Laster genannt wurde, assoziieren?

Muß man nicht, Spaß heißt sinnlos blödeln, die Zeit totschlagen mit irgendwelchen Dingen, die man wahrscheinlich, wenn man ein bißchen nachdenkt, auch als idiotisch bezeichnet. Ob man jetzt in den Prater geht und dort drei Stunden sinnlos Tischfußball spielt oder in einer Kartenrunde sitzt und dabei die Zeit buchstäblich totschlägt, aber dabei furchtbar viel lacht, das ist nicht unbedingt ein Laster. Man kann es negativ konnotieren und sagen: Natürlich, produktive Zeit geht verloren, ich habe mich in der Zeit nicht weitergebildet, ich habe an diesem Tag nichts dazugelernt. Das, was man üblicherweise mit Jugendlichen verbindet, nämlich einen gewissen Hedonismus und Das-Leben-genießen-Wollen, das gibt es natürlich auch in höheren Altersgruppen in verstärktem Maße. Für mich hat es nicht wirklich eine negative Grundbedeutung. Wenn eine ganze Gesellschaft tatsächlich nur mehr aus einem permanenten Karneval bestünde – und auch Karnevals sind Aussteigerphasen und Entlastungsphasen und Neuerwerb von Rollen oder Verkleidungsgelüsten oder was auch immer –, wenn das ganze Jahr und die ganze Gesellschaft so wäre, dann wäre es wahrscheinlich schlimm, aber das ist keine Gesellschaft, die ich kenne.

Läßt sich an irgendwelchen statistischen Daten feststellen, daß eine Gesellschaft in besonderem Maß dem Spaß, dem Vergnügen, der Hetz zuneigt? Würde zum Beispiel der Verbrauch von Feuerwerkskörpern zu Silvester etwas darüber aussagen, ob eine Gesellschaft besonders dem Spaß zugetan ist?

Nein, ich glaube, das sagt nichts darüber aus. Es ist ein sinnloses Verpulvern, es hat aber auch schon ein paar tausend Jahre Tradition. Jedenfalls ist es ein Ritual. Aber man schießt nicht das ganze Jahr Feuerwerke in die Luft. Das nimmt zwar zu, und mittlerweile wird es auch abgestimmt auf die Begleitmusik, damit es rhythmisch in die Luft fliegt und eine künstlerische Form und Gestalt bekommt.

Schon Komponisten vom Rang eines Georg Friedrich Händel haben solche Musik komponiert.

Das sind inszenierte Großfeste. Das sagt natürlich etwas aus über den Reichtum einer Gesellschaft, wie viele Leute bereit sind, zu Silvester Privatfeuerwerke in die Luft zu blasen. Das sagt aber, glaube ich, noch nichts aus, ob wir uns in eine Spaßgesellschaft transformieren. Für Dinge wie Zerstreuung oder Entlastung könnte man auch Fernsehstatistiken heranziehen. Wie lange sehen die Menschen durchschnittlich täglich in dieses Kastl hinein? Das ist in den Vereinigten Staaten bedeutend länger als in Europa. In Mazedonien wird länger ferngesehen als in den USA, und dort ist keine wirkliche Spaßgesellschaft.

Das kann natürlich auch etwas über die Arbeitslosigkeit aussagen.

Das kann über alles Mögliche etwas aussagen, sagt aber mit Sicherheit nichts über Spaß aus. Das sagt etwas aus über die Rolle dieses Mediums in einer Gesellschaft.

Vielleicht sagt es zumindest darüber etwas aus, wie viel Zeit die Leute haben.

Wobei in manchen Ländern das Fernsehen auch eine Art Hintergrundmedium ist, wo niemand hinschaut, aber es rennt wie das Radio rennt. Im Süden ist das weit häufiger als in unseren Breitengraden. Wir halten es aber eigentlich für ungeeignet, um daraus einen Indikator zu konstruieren. Ich tue mir schwer zu sagen: Folgende Dinge sind Indikatoren für das Vorliegen von Spaßgesellschaft oder könnten dafür genommen werden: Knallfrösche, Feste, die außerhalb der gesellschaftlichen und der normalen privaten Feste sind, ja das könnte so etwas sein, von Fest zu Fest, von Party zu Party eilen, Clubbings, alle Arten von Events. Was aber viel schwerer meßbar ist, ist das Phänomen, von dem ich schon glaube, daß es existiert: Daß man von Veranstaltungen starke Eindrücke erwartet und bis zu einem gewissen Grad gekonnte Inszenierungen und in einer Art Zuschauerhaltung sich diese Ereignisse oder Events geben oder »sich hineinziehen« will, daß man also weniger stark einen Eigenbeitrag zur Gestaltung eines Ereignisses liefert. Das gilt aber sowohl für hochkünstlerische Ausstellungen, große Theatereindrücke, wo sich alles dreht und bewegt, wo das Bühnenbild eine riesige Rolle spielt und das Ganze möglichst laut ist. Das gilt für Konzerte, die mit verschiedenen Bands bestückt sind und einem dramaturgischen Aufbau gehorchen müssen. Also die Suche nach dem starken Reiz.

Man kann solche Erlebnisse letzten Endes auf zweierlei Arten herbeiführen. Der persönlich mehr anstrengende Weg ist wahrscheinlich, die eigene Sensibilität auf manchen Gebieten zu erhöhen, so daß es nicht so sehr der Reiz ist, der variiert und einen starken Eindruck hinterläßt, sondern der eigene Grad an Sophistiziertheit. Das kann auf dem Gebiet von Wein- oder Musikkennerschaft sein, daß ich sage, ich differenziere meinen Geschmack so sehr durch intensive Beschäftigung, daß ich den Genuß dadurch erlange, weil ich geringe Unterschiede, Geschmacksunterschiede, Musikunterschiede wahrnehmen kann. Der andere Weg ist, daß ich die Dosis erhöhe, die Dosis der Droge, die Dosis der Musik, die Dosis der Lautstärke, die Dosis der Knalligkeit der Bilder, der Stärke der Reize. Das ist in unseren stark medial geprägten Gesellschaften wahrscheinlich der häufigere und jedenfalls der leichtere Weg. Es gibt aber auch in vielen Bereichen die

Entwicklung von Kennerschaften, daß sich Leute definieren: Ich bin ein Weinkenner, ich verstehe viel von Gartenbau, ich kenne mich in der Jazzszene zwischen 1930 und 1945 aus. Auf diese Art wird die Erregung oder die Herausforderung erlebt, die ich ansonsten nur erleben könnte, wenn ich den Reiz verstärke.

Dieser Grundgedanke beruht auf einer psychologischen Theorie, die sagt: Menschen suchen ein mittleres Erregungsniveau im Sinn von Stimulierungsniveau. Wenn es zuviel ist, erzeugt es unerträgliche Spannung, und sie steigen aus. Wenn es zu wenig ist, schlafen sie ein. Das, was sie an visuellen und akustischen Reizen suchen, ist: Hier erlebe ich etwas Neues. Wenn dieses Neue nicht erlebt wird, tritt das ein, was man in der Psychologie Sättigung nennt. Und die Welt des Konsums stellt theoretisch ein ungeheures Reservoir an permanenter Innovation zur Verfügung – es ist oft auch nur Pseudo-Innovation –, sprich: an Dingen, die man nicht gekannt hat oder an die man sich nicht mehr erinnert, das läuft aufs Gleiche hinaus. Auch alte Dinge können neu sein, wenn man sie nicht mehr präsent hat. Das hat Tibor Scitovsky schon vor 30 Jahren in einem Buch (»Psychologie des Wohlstands«) beschrieben, ein Ungar, der in den USA gelebt und sich mit Konsumverhalten auseinandergesetzt hat.

Sie tun sich also schwer, Parameter für die Existenz einer Spaß-gesellschaft zu erstellen?

Häufig ist ja zuerst der Begriff da, und dann sagt man: Was lege ich jetzt in diesen Begriff hinein? Dann stellen sich auch die Indikatoren ein, wenn man lange genug danach sucht. Es ist bei der Risikogesellschaft nicht anders, die Ulrich Beck erfunden hat. Er hat festgestellt: Risiko gibt es allüberall. Aber auch Risikogesellschaft baut sich nicht von unten her auf, sondern zuerst ist der Begriff da, und dann erklären viele, was das eigentlich heißt. Detto bei Informationsgesellschaft, detto bei Erlebnisgesellschaft.

Ein paar Indikatoren gibt es wahrscheinlich schon vorher ...

Es gibt ein paar Phänomene, von denen man sagt: Diese Phänomene sind relativ neu, entweder sie tauchen qualitativ neu auf oder sie verstärken sich quantitativ, also sie nehmen mengenmäßig an Bedeutung zu. Zum Beispiel: »die graue Gesellschaft«. Alte Leute hat es immer gegeben, aber jetzt sind sie zahlenmäßig mehr, und sie ändern ihre Lebensgewohnheiten, daher werden sie auffällig, daher setzt man sich mit diesem Phänomen auseinander. Bei einer ergrauenden Gesellschaft ist es relativ leicht zu bestimmen, worin sie besteht, nämlich aus mehr Menschen, die über 65, 70 oder 75 Jahre alt sind. Bei so qualligen Begriffen wie Erlebnisgesellschaft oder Freizeitgesellschaft ist es anders. Denken Sie bei der Freizeitgesellschaft daran, wie wunderbar sich zeigen läßt, daß die Lebensfreizeit zugenommen hat, aber wenn man schaut, ob die Tagesfreizeit zugenommen hat, wird man feststellen, daß das nicht wirklich der Fall ist. Es wird dann sehr mühsam, die wirklich freien Zeiten zu definieren, die nicht mit semiprofessionellen Arbeiten angefüllt sind.

Am ehesten leben wir wahrscheinlich in einer Mediengesellschaft. Die Medien neigen ja dazu, neue plakative Ausdrücke zu kreieren ...

Das ist die eine Interpretation, die sehr viel für sich hat. Aber es würde sich ein Begriff nicht lange halten, wenn Menschen nicht in bestimmten Phänomenen qualitativ oder quantitativ eine veränderte Situation wahrnehmen würden. Man hat eine ungefähre Vorstellung davon: Es herrscht mehr Jux und Tollerei. Aber auch in den dreißiger Jahren hat am Anfang Jux und Tollerei geherrscht. Wenn ich an die wunderbare Platte eines Freundes von mir denke – Marcel Faust: 31. Dezember 1932. Da sind zusammengeschnitten die damals gängigen Musiken: Kabarettsongs, Schlager, Operette, Marschmusik der Nazis und der Kommunisten ebenso wie Arbeiterchöre.

Und es wird das Jahresende gefeiert, völlig sinnlos, mit Qualtinger als Sprechstimme unterlegt. So als ob sie das, was um sie vorgeht, gar nicht wahrnehmen würden. Vielleicht entsteht auch aus diesem Kontrast teilweise der negative Blick auf Spaß in der heutigen Zeit. Wie kann man feiern, wie kann man lustig sein, wenn man jeweils all die Schrecknisse der Welt mitbedenkt?

Vielleicht ist es ein Wesen der Spaßgesellschaft, daß sie in Zeiten auftritt, wo man zwar schon irgendwelche Schatten am Horizont sieht, aber diese verdrängen will.

Ob die kompensatorische Funktion, die man da unterstellt, zutrifft, das weiß ich nicht. Ob wirklich die leichten Komödien und die leichte Filmmuse in schwierigen Zeiten zunehmen, wage ich zu bezweifeln. Das hat immer auch viele andere Traditionen.

Das Kabarett hat schon meistens geblüht, wenn es den Leuten schlecht gegangen ist.

Kabarett würde ich nicht unbedingt unter Spaßgesellschaft einreihen. Discos ja. Wenn man sagt: Ich will nicht mehr denken, ich will mich unterhalten, ich will meine Hetz haben, ich vergesse alles um mich. Das tut aber auch der einsame Trinker.

Ist nicht ein wesentliches Kennzeichen eines »Spaßgesellschafters«, daß er weniger geneigt ist, Verantwortung zu übernehmen, wenn es nicht viel Geld bringt? Wäre eine gesunkene Bereitschaft, sich in Organisationen, in Vereinen zu engagieren, ein möglicher Indikator?

Wenn ich mir das anschaue, würde ich sagen, Österreich ist im internationalen Vergleich keine Spaßgesellschaft. Wenn Sie schauen, wie viele Menschen in Vereinen nicht nur Mitglieder, sondern auch mittätig sind, ob das Sportvereine, Kulturvereine, soziale Vereine, Dorferneuerungsvereine, Feuerwehrvereine, Blasmusiken, also Vereine mit unterschiedlichsten inhaltlichen Ausrichtungen sind, dann ist dieses Vereinswesen in Österreich wahnsinnig ausgeprägt. Und zwar nicht nur durch ältere Leute, sondern sektorabhängig auch viele Jugendliche, vor allem in Sport- und Musikvereinen.

Aber eine gesamtgesellschaftliche Verantwortung ist das ja nicht, wenn man mit einem Kreis von Freunden einem Hobby nachgeht …

Was abgenommen hat, ist die politische Partizipation oder der Eintritt in regelmäßige politische Aktivitäten im allerweitesten Sinn, wenn sie so geblieben sind, wie sie früher waren. Betroffen sind die Gewerkschaften oder andere Großorganisationen. Ob die Aktivität in diesen Dingen früher größer war, wage ich zu bezweifeln. Ich halte zum Beispiel die Grünen für durchaus aktiv, auch die Mitglieder; prozentmäßig sind sie wahrscheinlich aktiver als die Leute in anderen politischen Gruppierungen. Es gibt durchaus neue politische Spielwiesen, vielleicht nicht mit Gesamtverantwortung. Aber wer kann schon die Verantwortung für das Ganze übernehmen? Höchstens »Der Unbestechliche« von Hofmannsthal.

Die Parameter oder Indikatoren einer Spaßgesellschaft sind also sehr vage?

Sie sind sehr schwierig zu fassen. Man kann es natürlich bis zu einem gewissen Grad wie alles andere selbstherrlich bestimmen. Was definiert eine Informationsgesellschaft? Was definiert eine Leistungsgesellschaft? Die Leistungsmotivation der Leute wäre ein Aspekt. Das Vorhandensein von Anreizen im Arbeitsmarkt, leistungsbelohnende Faktoren, etwa Bezahlungsschemata, wären Indikatoren für das Vorhandensein einer Leistungsgesellschaft. Spaßgesellschaft kann man vielleicht in bestimmten Jugendtypologien festmachen. Wie viele Jugendliche leben primär ihrer Hetz und sagen, der Rest interessiert mich überhaupt nicht? Wir haben solche Jugendstudien, das mögen 15 oder 20 Prozent sein, aber viele andere Jugendliche sagen: Für mich ist mein beruflicher Lebensweg wichtig, das, was ich am Ausbildungssektor tue, und mir ist wichtig, daß ich einmal eine ordentliche Familie habe, und ich möchte auch Reisen machen, und ich möchte weniger arbeiten, aber mehr vom Leben haben als meine Eltern. Sie sagen aber gleichzeitig: Es wird mir wahrscheinlich nicht so gut gehen wie meinen Eltern, denn die haben sich blöd gearbeitet. Die Perspektive, die meine Alterskohorte hatte: »Es wird uns einmal besser gehen als unseren Eltern«, die ein oder zwei Weltkriege erlebt haben, diese Perspektive haben Jugendliche heute nicht mehr mit der gleichen Selbstverständlichkeit. Und es ist auch nicht gesagt, ob nicht die Jugendlichen, die sich mit 15 oder 17 in ihre Partys stürzen – wobei heute gilt: alles, was vor 11 Uhr beginnt, ist uninteressant, und es muß mindestens bis vier Uhr dauern, sonst war 's es nicht –, ob die nicht mit 23 oder 24 Jahren ganz anders sind. Mit großer Sicherheit sind sie es nämlich. Bestimmte Entwicklungsphasen sind für die Jugend heute materiell weit einfacher, aber was sichere Zukunftslinien, was Berufswahl betrifft, ist es entsetzlich schwer, und niemand kann einem wirklich dabei helfen. Daß die dann teilweise sogar schwierigere Prozesse der Selbstfindung oder der eigenen Entwicklung haben, ist für mich nachvollziehbar. Auf jeden Fall sind diese Phänomene von exzessiv feiern, exzessiv die Welt einmal kurz auf den Kopf stellen, nicht allein beschränkt auf Jugendliche, sondern wir sehen sie auch in höheren Alterssegmenten.

Die meisten meiner Gesprächspartner meinen, das, was man Spaßgesellschaft nennen könnte, hat seinen Zenit überschritten ...

Ich glaube das für Österreich eigentlich nicht. Dazu sind der materielle Wohlstand und die Ressourcen, die zur Verfügung stehen, viel zu hoch, die Quellen trocknen da mit Sicherheit nicht aus. Die Gesellschaft der Erben beginnt erst. Man muß berücksichtigen: Es kann jemand exzessiv feiern und sich trotzdem Sorgen machen, wie die Geschichte weitergeht und ob er eine Pensionierung nach bisherigem Muster erreichen wird. Die Dinge leben nebeneinander, wahrscheinlich in allen von uns. Selbst wenn Terror und Umweltkatastrophen passieren, selbst wenn die Medien diese Impression ständig wach halten. Um es zu trivialisieren: Auch wenn Tschernobyl passiert ist, ich gehe trotzdem in den Wald Schwammerl suchen. Das Leben geht weiter, manchmal geht es entschieden zu weit, heißt es bei Karl Kraus. Wenn Sie heute nach Moskau gehen, nicht unbedingt in eines der reichsten Länder dieser Welt, dann erleben Sie auch dort in bestimmten Gegenden einen Glitzercasinobetrieb voll von Discos und allgemeiner Unterhaltungswut. Ich sehe auch in den Niederlanden oder in Dänemark oder sonstwo nicht das Ende der wilden Konsum oder Unterhaltungstempel, allenfalls regional gehen welche ein. Auch der Tourismus geht weltweit nicht wirklich zurück. Und die Super-Super-Hotels leiden wahrscheinlich weniger als die Mittelkategorie oder die eher bescheideneren Angebote.

Wie enden Spaßgesellschaften?

Moderne Gesellschaften sind immer alles gleichzeitig. Angesichts mancher heutiger Ereignisse – ich bin sicher kein Kulturpessimist oder Kulturkritiker – denke ich mir auch: Das ist Spätrom, das ist knapp vor der Phase, wo man mit der Pfauenfeder den Gaumen kitzelt, um zu erbrechen, um sich wieder Neues zuführen zu können. Es ist aber nur ein Mosaikstein in dem Phänomen, daß moderne Gesellschaften die Gleichzeitigkeit des Ungleichzeitigen verkörpern, die unausweichlich ist. Spezialisierung, Arbeitsteilung, hocheffiziente Dinge im Wirtschaftsbereich, die vieles tragen. Sie haben einen Agrarsektor, der zwar zahlenmäßig gering ist, aber ein

Vielfaches produziert. Sie haben einen Industriesektor, wo die Zahl der Beschäftigten relativ konstant ist. Sie haben einen Dienstleistungssektor, der eine Zeitlang wahnsinnig gewachsen ist und jetzt zahlenmäßig abnimmt, aber nicht in der Wertschöpfung. Es gibt eine Tourismusindustrie, eine Kulturproduktion, die einen Teil dieser Spaßmärkte bedient, die längst Märkte sind.

Stichwort: Spaßmarkt. Für so einen Spaßmarkt müßte es doch Indikatoren geben?

Ja, aber ein gutgehendes Restaurant kann eine Spaßkomponente beinhalten, doch getragen wird es wahrscheinlich vom normalen Mittagsmenü, und am Abend ist es etwas wild Exzessives. Oder: Ein Theater spielt vielleicht zu 90 Prozent ganz normale Dinge, und dann machen sie obendrüber, um noch eine Zielgruppe zu erwischen, das absolut Wahnsinnige – zumindest das in meinen Augen Wahnsinnige. Ich habe mich nie professionell damit beschäftigt und mich hingesetzt: Jetzt finde die zwanzig Indikatoren für die quantitative Beschreibung des Spaßmarktes. Natürlich: Das kleine Geschäft »Die Zauberklingel« in der Wiener Innenstadt, von dem ich gar nicht weiß, ob es noch existiert,* ist ein Teil eines Spaßmarktes, ein Teil davon ist aber auch der Bauchredner auf dem Markt.

Gehören nicht auch die dahinblödelnden »Late Night Shows« im Fernsehen dazu?

Ja, das ist auch nichts anderes.

Aber die Einschaltquoten hängen da natürlich von der Popularität des jeweiligen Moderators ab – Harald Schmidt war offensichtlich erfolgreicher als seine Nachfolgerin Anke Engelke –

---

* Es existiert noch: Führichgasse 4 (Anm. d. Verlages)

und sind wohl auch kein verläßlicher Maßstab für die Entwick-
lung der Spaßgesellschaft ...

Ja, denn die Leute, die das anschauen, sind nicht nur Mitglieder der Spaßgesellschaft, sondern arbeiten unter Umständen
tagsüber sehr hart, schauen sich am Abend, weil das lustig ist,
weil sie nicht denken müssen, weil das eine verläßliche Blödelei ist, diese Sendungen an.

Weil wahrscheinlich in jedem von uns ein Teil der Spaßgesell-
schaft wohnt.

Ich frage mich: Sagt die Zunahme von Spielen, wie sie mit
ständigen Innovationen auf den großen Spielmessen angeboten werden, etwas aus? Ist das Spaßgesellschaft? Ist das
etwas genuin anderes als Schachspielen? Ist Monopoly etwas
anderes, als wenn Leute im Internet irgendwelche strategische
Spiele gegeneinander spielen?

Oder Tarock?

Wie viel Zeit habe ich mit Tarock verbracht, unzählige Stunden meines Lebens.

Wobei man das ja in geselligen Runden spielt und dabei noch
über alles andere redet. Ich würde das nicht als reines Konsumie-
ren sehen, man muß dabei ja auch viel denken.

Bei vielen Spielen muß man denken, ob ich jetzt mit anderen
spiele oder allein Patiencen lege oder gegen einen Schachcom-
puter antrete.

Etwas anders erscheint mir das Flipper-Spielen ...

Das führt wieder zu der kritischen Frage, wo man sein ange-
strebtes Erregungsniveau ansetzt. Man kann auch im Flip-

perspielen ein wirklicher Experte werden und schließlich die feinsten Unterschiede in diesem Spiel beherrschen. Dann interessieren Sie die einfachen Dinge nicht mehr. Oder Sie bleiben dort stehen und sagen: O. k., mir reicht das, ich will nur ein Spiel, das lauter ist, wo ich mehr Leute abschießen kann und so weiter. Eine Armee erobert am Bildschirm ein fremdes Gebiet. Casinos, Glücksspiele aller Arten: Ist das Ausdruck von Spaßgesellschaften? Ich würde das wahrscheinlich nicht als Indikator wählen. Oder Gesellschaftsspiele, die boomen, die man zu fünft oder zu sechst spielt, die weit über DKT hinausgehen? Wir haben gespielt: Mühle, Halma, Mensch ärgere dich nicht, DKT und Schach. Und das war es dann auch. Im Vergleich zu heute sind das hochgeistige Spiele. Man tut es auch, um eine Hetz zu haben, man redet vielleicht nicht über Philosophie, man freut sich, man ärgert sich, man steht im Wettbewerb miteinander, man lernt vielleicht etwas oder auch gar nichts, oder auch nur, daß man sich an bestimmte Regeln halten muß. Johan Huizinga hat das Phänomen des »Homo ludens« wunderbar beschrieben.

Dr. Rudolf Bretschneider ist Geschäftsführer des Markt- und Meinungsforschungsinstituts Fessel-GfK in Wien.

ZUFRIEDENE MENSCHEN SIND DAS LETZTE
Gespräch mit dem Soziologen Manfred Prisching

Welche Merkmale hat eine Spaßgesellschaft?

Der Begriff der »Spaßgesellschaft« gehört zu einer Familie von Etiketten, die für die gegenwärtige Gesellschaft als typisch angesehen werden. Da ist natürlich der Umstand, daß es eine reiche, eine luxuriöse Gesellschaft ist, es gibt meist nicht sehr viel Spaß in einer einfachen oder nahe am Existenzminimum dahinschwebenden Gesellschaft. Das heißt weiters, daß diese Gesellschaft, wie es Peter Gross formuliert hat, eine Multioptionsgesellschaft ist, mit vielen Handlungs-, Wahl- und Entscheidungsmöglichkeiten. Das dritte: Es ist eine Gesellschaft, die sich mit Erlebnis- und Eventgesellschaft umschreiben läßt. Das sind einmal drei Bedingungen: Sie muß wirklich reich sein, sie muß viele Auswahlmöglichkeiten haben, und sie muß sich vor allem in Richtung auf Erlebnis, Event, Spaß, Freizeitverbringung und dergleichen orientiert haben.

Finden Sie, daß wir heute in einer Spaßgesellschaft leben oder, wie manche behaupten, zumindest bis zum 11. September 2001 in einer solchen gelebt haben?

Ja. Es ist eine offensichtlich so luxuriöse Gesellschaft, wie wir sie noch nie gehabt haben, und sie läuft ganz stark auf Elemente des Events und des Erlebnisses hinaus. Wir haben einen sehr intensiven Bruch mit den letzten 2000 Jahren der Sozialphilosophie, der Tugendlehre oder der moralischen Philosophie erlebt. Die ganze abendländische Kultur war immer auf das Finden eines richtigen Maßes – die alte aristotelische »Mäßigung« – ausgerichtet. Wie lebt man gut, oder was macht das gute Leben aus? Ein bißchen Befreiung von den Begierden und Leidenschaften, ein Gleichgewicht finden – und das ist nicht nur abendländisch, das geht über die Kulturkreise hinaus. In dem Sinn hat ausgerechnet diese Gesellschaft begonnen, eine solche Haltung konsequent abzuschaffen. Mäßigung? Es ist eine Überbietungslogik, eine Steigerungslogik, eine Logik, die ins Endlose geht. Man kann immer noch mehr Action haben, man kann immer noch mehr konsumieren, man kann immer noch mehr Spaß haben, und es ist immer zu wenig. Man kann immer noch spannendere Events und noch größer angelegte Events erleben, alles treibt ins Endlose hinaus. Und das ist auch normativ stark erhärtet: Das ist das Gute! Es geht bis ins Detail hinunter, indem den jungen Leuten beigebracht wird: Zufrieden sein ist absolut kein Lebensziel. Gerade wenn du jung bist, hast du unzufrieden zu sein. Wir wollen »hungrige« Leute, sozusagen Leute, die die Welt erobern wollen. Das ist das Letzte, was wir wollen – jemand, der zufrieden ist.

Die Spaßgesellschaft macht also die Leute nicht zufrieden?

Nein, sie macht sie zutiefst unzufrieden, gerade aufgrund dieser Steigerungslogik.

Aber das stört sie auch nicht?

Doch, es stört die Leute schon. Gerade durch die Logik der Endlosigkeit, weil alles überbietbar ist. Jeder Kriminalfilm, jedes Fest, jede Ausstellung, jeder Event ist überbietbar, und man bemüht sich auch, ihn zu überbieten. Die Skala ist nach oben offen. Zugleich sind wir in einem unglaublichen Abhärtungsprozeß: Reize, die auf uns niederprasseln, müssen immer stärker werden, weil sie auch in hoher Dosierung nicht mehr diese emotionelle Erregung auslösen, um die es eigentlich geht. Die Spaßgesellschaft ist eine, wo man sich permanent in Situationen begibt, in denen man erheitert, unterhalten wird. Und das muß immer gesteigert werden, denn das fünfte Mal das Gleiche – das »macht einen nicht mehr an«, das erregt nichts mehr. Die Steigerungslogik bedeutet aber: Sobald ich das Erlebnis hinter mich gebracht habe, bin ich enttäuscht und suche schon wieder nach der Steigerung. Das ist auch die Logik einer konsumistischen Gesellschaft: Ich darf ja einen Konsumenten nicht zufriedenstellen, das Letzte, was eine solche Gesellschaft brauchen kann, sind zufriedene Konsumenten. Sie müssen vielmehr in den Zustand der Unzufriedenheit geraten, damit sie etwas kaufen, danach dürfen sie ganz kurz ein bißchen zufrieden sein, aber dann müssen sie sofort wieder in den Zustand der Unzufriedenheit geraten, sonst hören sie ja auf zu kaufen, hören sie auf, Veranstaltungen zu besuchen und Spaß und Güter und Leistungen zu suchen. Das heißt: Ich brauche die systematische Erzeugung von Unzufriedenheit.

Gibt es objektive Kriterien, an denen man festmachen kann, wie sehr eine Gesellschaft eine Spaßgesellschaft ist?

Man könnte Konsumstatistiken heranziehen, wieviel die Leute für dies oder jenes ausgeben. Aber das ist immer sehr schwer interpretierbar. Ich glaube, man muß auf das Gesamtmuster schauen, das sich ergibt. Selbst wenn ich wahrnehme, daß immer mehr Geld in Gastronomie, Lokalitäten, Alkohol und dergleichen fließt, könnten natürlich Leute kommen, die sagen, das hängt mit dem Arbeitsmarkt zusammen, und die Gastronomie floriert nur, weil die Leute nicht mehr die Zeit haben, das Essen selbst zu produzieren. Die Statistik erfaßt großteils nur funktionelle Notwendigkeiten, das hat mit Spaß gar nichts zu tun. Ich glaube, daß man eher mit einem plausiblen Gesamtmuster arbeiten kann. Was ist wirklich die Logik von irgendwelchen Events, von Popkonzerten oder Ausstellungen oder einer Konsumszene? Die Logik ist ganz einfach die eines Events: Man kann kein Gut mehr verkaufen, ohne eine Story zu erzählen. Ich muß im Prinzip jedes einzelne Gut nicht mit vernünftigen Gründen oder funktionellen Notwendigkeiten verkaufen, sondern allein und ausschließlich damit, daß du dich besser fühlst, wenn du das hast, und daß du ein ganz anderer Mensch bist, wenn du das hast, und daß es für deine Identität wichtig ist, wenn du das vorweisen kannst. Das ist die einzige tragfähige Botschaft, und darauf läuft es hinaus.

Könnte man sagen, es hat immer eine Spaßgesellschaft gegeben, es waren nur die Events bescheidener? Früher hat sich das eben mehr verteilt, weil der Spaß vielfach bei kleinen Kirtagen oder Feuerwehrfesten gesucht wurde, aber obwohl es jetzt auffällige Großevents gibt, ist in Summe die Zahl der Spaßgesellschafter nicht gestiegen ...

Erstens ist natürlich das Vorkommen der Events gestiegen. Das ist allein schon ein quantitativer Unterschied. Es gab auch nicht diesen Steigerungsmechanismus. Jedes Jahr ein Jahrmarkt, wo die gleiche Blasmusik spielt, da weiß man, was man hat, da weiß man, daß es im Grunde jedes Jahr das Gleiche ist, ein fröhliches Fest, wo sich am Ende die Burschen vom Ort mit denen vom Nachbarort prügeln. Das ist auch lustig und eine Hetz, und das war auch schon alles, im nächsten Jahr ist es ähnlich. Es hat nicht dieses breite Angebot und nicht den Druck der Überbietung gegeben, wo es gleich heißt: Das Gleiche wie im Vorjahr – das ist ja fad! Da besteht inhaltlich ein wesentlicher Unterschied. Es war früher den Leuten kein Problem, daß die Fronleichnamsprozession jedes Jahr gleich ausgesehen hat, im Gegenteil, man hat darauf gebaut, daß es so feierlich oder so lustig wie immer ist. Das ist eine andere Einstellung als: Wenn es das Gleiche ist, ist es fad, es muß jedesmal anders, mehr, größer sein.

Diese dynamische Botschaft unserer Gesellschaft verbreitet eine Art von euphorischer Grundstimmung. Uns umgeben lauter glückliche Menschen, glückliche Familien, euphorische Zustände. Sie lachen von den Plakaten und Bildschirmen, alles, was da übermittelt wird, scheint von höchsten Glücksgefühlen umfangen. Und Werbung ist schließlich überall, an allen Ecken und Enden. Das Problem ist, daß das Leben hinter dieser Glückseligkeit allemal ein bißchen zurückbleibt.

Das heißt, das Leben ist immer ein bißchen weniger lustig, immer ein bißchen fader als die Bilder vom Leben. Und so entsteht angesichts der unglaublich vielen Glücksmöglichkeiten das Gefühl: Ich sitze am falschen Dampfer. Irgendwo bin ich immer dort, wo es nicht so richtig »abgeht«. Jetzt versuchen zwar die jungen Leute, wenn im ersten Lokal nicht viel los ist, noch in ein zweites Lokal zu gehen, aber dort findet auch nicht die richtige Action statt, dann schaut man vielleicht noch in ein drittes Lokal, aber dann ist der Abend vorbei, und man sagt sich im geheimen: Irgendwie muß ich das richtige Lokal versäumt haben, denn das war zwar ganz nett, aber so wirklich rundgegangen ist es dort nicht, das muß in einem von den 97 anderen Lokalen gewesen sein – und ich war im falschen. Enttäuschend.

Zurück zur Frage, welche meßbaren Größen es dafür gibt, daß wir in einer Spaßgesellschaft leben: Könnte das die Dauer des Fernsehkonsums sein? Oder der Verbrauch von Feuerwerkskörpern zu Silvester?

Sagen wir es umgekehrt. Die Spaßgesellschaft ist nur Teil dieser Erlebnisgesellschaft, wenn man sie auf die Dinge abbildet, die vordergründig lustig sind – also Beachvolleyballspielen, Feuerwerke und so etwas. Es geht um die Logik, die generell zur Bewertung dient, was immer ich auch tue. Es geht um die inhaltliche Bestimmung des Tuns: ob ich es, wenn ich eine Partnerin suche oder mich mit jemandem einlasse, als eine Geschichte betrachte, die in irgendeiner Weise ernsthaft prospektiv bis zum Lebensende angelegt ist – oder ob ich im Sinne der inhaltlichen Umdeutung sage: Na ja, das ist ganz nett zusammen, wir haben unseren Spaß miteinander, und für fünf Jahre könnte ich mir vorstellen, daß das gut geht, dann halten wir wieder die Augen offen, ob sich nicht noch etwas

Besseres findet. Das Wesen der Spaßgesellschaft sind nicht die Feste und die Feuerwerkskörper, sondern der Umstand, daß alles unter dem Spaßaspekt gesehen wird. Partnerschaft ist Spaß. Körper ist Spaß. Beruf ist (harter) Spaß.

Seit wann leben wir in einer Spaßgesellschaft? Hat sich das langsam angebahnt? Kam das schlagartig?

Im Grunde ist der wirkliche Durchbruch seit den sechziger Jahren da. Wir hatten eine relativ stabile Situation bis in die sechziger, siebziger Jahre. Plötzlich fangen die Statistiken zum Auseinanderlaufen an, vor allem im familiären Bereich: die Zahl der unehelichen Kinder, die Zahl der Scheidungen, die Zahl der unverheiratet zusammenlebenden Paare, die Zahl der nicht verheirateten Einzelmenschen. Da ist binnen kurzer Zeit etwas passiert, eine rapide Änderung der Einstellungen. Es bleibt die Sehnsucht nach Bindung; aber binden soll sich vor allem der andere, mein Spaß soll unangetastet sein.

Hängt das mit dem berühmten Jahr 1968 zusammen?

Das war sicher auch Ausdruck dessen. Es war allerdings auch die Periode, in der man zum ersten Mal einen Schwung von Konsumkritik, insbesondere seitens der Frankfurter Schule, von Marcuse etwa, verzeichnen konnte, in einer mit heute verglichen harmlosen Konsumgesellschaft. Aber auch diese Konsumkritik konnte aufkommen, weil der Konsumismus – »Leben als Konsumhandeln« – zu blühen begann.

Das waren aber eher Gegner einer Spaßgesellschaft …

Man hat den Spaß weitergetrieben und – ohne Unvereinbarkeiten festzustellen – seinen Marcuse dazu gelesen. Das ist ohne Probleme zusammengegangen. Wertewandelforscher behaupten ja auch heutzutage, daß die »materialistische« Phase angeblich vorüber sei, aber ich bin der festen Überzeugung, daß alles, was man als »postmaterialistischen Wertewandel« auffaßt, völlig mißverstanden ist. Daß die Leute den schnöden Mammon oder die Güter dieser Welt verachten und nur noch auf die wahre Freiheit und Selbstbesinnung schauen, das stimmt doch nicht. Es hat in den sechziger und siebziger Jahren nicht gestimmt und stimmt heute noch weniger. Was eingetreten ist, ist eine Wertakkumulation. Das heißt, alle wollen selbstverständlich die materiellen Güter haben und noch ein bißchen was dazu, nämlich Freiheit und Selbstentfaltung und alles andere. Damit ich meine Bedürfnislosigkeit geziemend meditativ aufarbeiten kann, brauche ich natürlich eine Tonanlage um 4.000 Euro. Das geht ohne weiteres zusammen – ein Materialismus mit all diesen zusätzlichen Wünschen: Erstens will ich viel Geld haben und zweitens Selbstentfaltung, selbstverständlich. Die Leute wollen natürlich beides – lieber reich und gesund und glücklich und autonom. Insofern sind die alten materialistischen Muster aus der Nachkriegszeit, als man sich über bescheidene Errungenschaften gefreut hat, angereichert worden mit nichtmaterialistischen Werthaltungen. Aber das ist eine Akkumulation, kein Wandel.

Haben nicht Dinge wie die Antibabypille die Spaßgesellschaft besonders gefördert?

Sicher, weil einfach die Elemente des Ernsthaften, die zwangsläufig mit einer sexuellen Begegnung verbunden waren, medikamentös suspendiert werden konnten. Das Risiko, ein Kind zu bekommen, besteht, auch wenn die Sache Spaß macht. Wenn ich die sexuelle Interaktion ohnehin nicht ernsthaft, sondern nur spaßhalber meine und die »Gefahr« einer Schwangerschaft beseitigen kann, bleibt eben der Spaß übrig.

Wie enden Spaßgesellschaften normalerweise?

Ich sehe noch kein Ende. Wir erleben erst jetzt eine junge Generation, die mit einer sonderbaren Kalt-Warm-Situation konfrontiert ist. Auf der einen Seite wird es unangenehm auf dem Arbeitsmarkt, wo man auf keine ordentlichen Jobs mehr vertrauen kann, wo die alten Sicherheiten eingebüßt wurden und das Leben »härter« geworden ist. Auf der anderen Seite ist das aber der einzige Ort, wo die Jüngeren noch an Selbstdisziplin oder Triebaufschub gewöhnt werden. Ansonsten – so würde man in alter Terminologie sagen – haben sie nie gelernt, zu verzichten oder etwas hinauszuschieben; aber sie haben auch nicht erfahren, was es heißt, Sehnsucht erfüllt zu erhalten – denn es gibt ja alles immer sofort. Die jüngere Generation, für die ein enormer Luxus immer selbstverständlich war, die sich nie über Jahre etwas erarbeiten mußte, konnte einen guten Teil ihrer Kraft in dieses Spaßmilieu stecken.

Günther Nenning hat einmal geschrieben, das Prinzip dieser neuen Gesellschaft ist, möglichst intensiv und rasch möglichst viel Geld zu verdienen, um es dann auf möglichst blödsinnige Weise möglichst schnell wieder beim Fenster hinauszuwerfen. Er hat schon recht. Beides wird intensiver; wir haben zwei Varianten gefunden, uns schneller zu verbrauchen: in der härteren Arbeit und im härteren Freizeitkonsum.

Wie lange kann das funktionieren? Da wird ja ein Teil der Gesellschaft nicht lange mithalten können …

Wovon wir reden, das sind die hochentwickelten Staaten, wir lassen die Dritte Welt einmal außer acht, und wir lassen die einkommensmäßig untersten 20 Prozent unserer Gesellschaft außer acht. Wenn ich solche Fragen mit Studierenden diskutiere, bin ich auch prompt mit der Aussage konfrontiert: Es gibt doch die wirklich armen Leute, die Mindestpensionsempfänger und so weiter. Das ist richtig, aber diese lassen wir beiseite. Wir reden über 80 Prozent dieser Gesellschaft, über den Mainstream. Und für die gilt das. Es gilt nicht nur für jene Leute, die Jachten oder dergleichen haben. Es gilt auch für die Leute, die ganz normal im großen Möbelladen ihre Accessoires und Möbel kaufen und diese nach fünf Jahren wieder hinauswerfen, weil sie ihnen fad sind. Das ist Normalzustand – die Verkäuferin, die Friseurin, die Buchhalterin, sie sind schon eingewöhnt in diese Spaßgesellschaft.

Können das auf Dauer 80 Prozent bleiben?

Es geht ja in Wahrheit ohnehin nicht. Die Familien zerfallen unter diesen Gegebenheiten, es ergibt sich ein völlig neues Spiel um Geschlechter und Reproduktion, dessen Ausgang wir noch nicht absehen können. Kinder sind eine Belastung, die in diesem Szenario nicht vorgesehen ist; wir werden sie in absehbarer Zeit in irgendeiner Form institutionalisieren, d. h. in Institutionen ablagern müssen. Die Alten müssen auch irgendwie versorgt werden, damit die anderen mehr Spielraum haben. Wenn die Geburtensituation so bleibt, wie sie ist, dann haben wir in 60 oder 70 Jahren bloß noch die Hälfte unserer Bevölkerung – ohne Einwanderung. Was nicht unbedingt eine Katastrophe ist: Vier Millionen Österreicher sind auch fein, dann gibt es wieder mehr Parkplätze, und wir können die Infrastruktur ein bißchen mehr nutzen. Aber wenn wir gerade mit Bezug auf die Sozialsysteme oder die Wirtschaft den Betrieb aufrechterhalten wollen, muß es Einwanderung geben. Da gibt es ein bißchen lebenskräftigere Völker in der Nachbarschaft, die dann den Laden übernehmen.

Bedeutet das auch etwas für das Phänomen Spaßgesellschaft? Es kann ja auch eine großteils von heutigen Ausländern abstammende österreichische Bevölkerung der Spaßgesellschaft huldigen …

Durchaus. Die wünschen sich ja in Wirklichkeit auch nichts anderes. Die wollen ja leben wie wir.

Die Frage ist ja, ob eine Spaßgesellschaft kippen kann. Und was kann das verursachen – eine Weltwirtschaftskrise oder eine solche soziale Ungleichheit, daß immer mehr Gruppen bewaffnet und terroristisch vorgehen?

Ein Problem ist: Die Spaßgesellschaft stellt auch eine wirtschaftlich tragende Struktur dar, aus der man nicht so leicht herauskann. Mich hat folgendes sehr beeindruckt: Nach 9/11 war zuerst große Betroffenheit, und es gab entsprechende Wortmeldungen. Nach zwei Wochen kamen dann andere Wortmeldungen, und zwar derart, daß man sich Sorgen um das Weihnachtsgeschäft mache: Den Leuten könnte angesichts der terroristischen Attacke die Kauflust vergehen. Das kam in mehreren Meldungen, und dann haben die Ökonomen darüber diskutiert, ob nicht ein Rückschlag um drei Prozent kommen könnte, und wie schlimm das wäre. Nach nur zwei Wochen, kaum daß sich der Staub von 3000 Toten gesetzt hat, werden Besorgnisse zelebriert, am Ende könnte sich die »Lust« der Leute, vor Weihnachten das ganze überflüssige Zeug zu kaufen, um drei Prozent mindern. Das wäre eine Katastrophe, das wäre schlimm! Wir müssen also den Menschen sagen, daß es ihre nationale Pflicht ist, zu kaufen, sich gerade von den Terroristen nicht beirren zu lassen, nein, so zu tun, als ob alles normal weitergeht. Das ist doch pervers! Statt daß es wenigstens einen Moment der Besinnung gegeben hätte. Wenn es den aufflackernden Selbstmordterrorismus gibt, könnten wir uns möglicherweise fragen, ob in der Tat alles so großartig ist bei uns, ob es nicht gute Gründe für solche Verzweiflungstaten gäbe – nein, das Schlimmste wäre, die Kauflust käme uns abhanden. Man könnte auch meinen: Hoffentlich vergeht ihnen ein wenig die »Lust«, hoffentlich halten sie inne, einen Moment – aber dann wäre man ein »Gesellschaftsschädling«.

Geht der Spaß nicht häufig auf Kosten anderer? Ist die Suche nach Spaß eher das Kennzeichen einer egoistischen oder altruistischen Gesellschaft?

Es ist ein kollektiver Egoismus. Die Leute sind nicht böse zueinander, es geht in die Richtung, daß wir gemeinsam unseren Spaß haben. Das einzige Kriterium ist natürlich schon: Habe ich meinen Spaß? Aber das geht durchaus einher mit einer sehr freundlichen Partystimmung: Wir wollen ja alle miteinander Spaß. Es ist so wie bei der zeitlich begrenzten Partnerschaft, die man aufrechterhält, solange man daran seinen Spaß hat.

Also man genießt den Spaß in der Gruppe, aber die Zusammensetzung der Gruppe kann wechseln. Hauptsache ich bin immer bei der Gruppe, die den größten Spaß hat?

Richtig, das ist die egoistische Komponente, aber man will nicht unbedingt anderen etwas wegnehmen.

Was steht für Sie oben auf der Werteskala der Spaßgesellschaft?

Der Wert der Spaßgesellschaft ist schlicht und einfach: Ich spüre etwas, ich habe ein gutes Gefühl, ich bin gut drauf. Wie auch immer sich eine solche Situation herstellen läßt – das ist es, worauf es ankommt.

Und was steht ganz unten?

Langeweile, das ist der Horror. Die alte Vorstellung, eine Stunde auf dem Bankerl vor dem Haus zu sitzen und ins Grüne zu schauen, ist völlig jenseits der Spaßgesellschaft angesiedelt. Selbst die Dinge, die ins Esoterische oder Meditative gehen, all die Wellneß-Varianten folgen zunehmend dem Prinzip der Spaß- und Actionorientierung. Ich gebe mir zum Beispiel eine meditative Generalreparatur in zwei oder drei Tagen. Das ist wieder ein sehr reduziertes Verständnis von der Sache. Wenn ich mich wohlfühlen will, muß etwas »passieren«. Bei einem guten zweieinhalbtägigen Wellneß-Urlaub muß andauernd etwas mit mir gemacht werden: massieren, Öl auf die Stirn träufeln, Kräuter ins Badewasser schütten. Es muß – paradox in sich selbst – »meditative Action« geben. Es hält kein Mensch aus, wirklich zu meditieren. Und dann, nach zweieinhalb Tagen, kommt der moderne Mensch gleichsam runderneuert heraus, innerlich, äußerlich und überhaupt in Form gebracht, wieder leistungsbereit, dynamisch.

Dann ist aber der höchste Wert der Wechsel, ständige Abwechslung und Mobilität: Nur nicht am gleichen Ort und in der gleichen Situation zu lange verharren!

Richtig – Wechsel, Mobilität, Steigerung. Spaß ist etwas, wo ich merke, in mir tut sich etwas. Und überall das gleiche, das interessiert mich nicht mehr. Deswegen brauche ich etwas anderes, etwas Neues, eine höhere Dosierung, etwas Intensiveres, noch mehr Action.

Und wenn man sich auf religiöse Suche begibt, will man eigentlich nur die ständige Suche, man will eigentlich nichts finden, sondern nur suchen ...

Ja, und das in Richtung Synkretismus: ein Wochenende buddhistisch meditieren, irgendwann einen halben Tag Keltentanz ums Feuer einschieben, dann für ein paar Tage ins Kloster gehen und mit den Mönchen singen oder mir nach Reiki die Hände auflegen lassen. Das ist eben das Potpourri, das ich mir zusammensuche. Wenn das einzige Kriterium ist: »Das tut mir gut«, dann paßt alles zusammen.

Dann hat die Kirche wohl nur die Chance, bei jungen Leuten mit eventartigen Veranstaltungen zu punkten?

Im Grunde ja, und sie tut das auch. Ein Papstbesuch oder eine Wallfahrt der Völker nach Mariazell, das sind natürlich riesige Events. Was mich immer wundert, ist, daß es die katholische Kirche nicht schafft, ihre sonstigen Potentiale, über die sie traditionell verfügt, in dieser modernen Szene zum Tragen zu bringen. Zum Beispiel im erwähnten Wellneß-Bereich: Es gibt inzwischen so viele gute Gründe, daß Fasten einmal in der Woche oder über ein paar Wochen biologisch-medizinisch wichtig, wohltuend und lebensverlängernd wirkt. Wenn ich das ganze in einen esoterischen Kontext stelle, dann sind die Menschen begeistert und zahlen Unsummen dafür. Solche Dinge scheinen sogar transkulturelle Weisheiten zu sein. Aber unter kirchlichem Titel gilt das ganze als altväterisch.

Inwiefern können sich heute noch Traditionen halten?

Wenn sie Spaß machen und eventartig aufgezogen sind. Es gibt eine berühmte Fronleichnamsprozession in Südtirol, die wird doppelt – an zwei aufeinanderfolgenden Sonntagen – veranstaltet, weil so viele Leute hinkommen und sich das anschauen wollen.

Es gibt Leute, die meinen, die Spaßgesellschaft sei eine Erfindung der Medien. Gerade die Jungen hätten es nicht mehr leicht auf dem Arbeitsmarkt und in der Ausbildung und schwirrten keineswegs von Party zu Party.

Da halte ich dagegen, daß hier nur ein vordergründiges Verständnis zum Ausdruck kommt. Der Vorwurf mit den Partys ist nur ein kleiner Teil davon. Mein Beispiel von der Partnerschaft erscheint mir viel gewichtiger. Wenn ich Partnerschaft umdefiniere von einer echten Bindung mit »Ewigkeitscharakter« zu einem losen Verhältnis, wo man sagt, wir fühlen uns beide gut, wenn wir es miteinander treiben, und so lange wir uns dabei gut fühlen, ist es fein, und wenn wir uns nicht gut fühlen, dann lassen wir es – dann ist das für mich ein viel wichtigerer Punkt für Spaßgesellschaft, die inhaltliche Umdefinition von vorhandenen Situationen. Es stimmt aber natürlich auch, daß das Leben in der Arbeitswelt härter geworden ist und die geschützten Bereiche verschwunden sind. Was jungen Leuten beim Berufseintritt abgefordert wird, ist mörderisch: In hochqualifizierten Berufen ist es schon selbstverständlich,

60 oder 70 Stunden pro Woche zu arbeiten, ohne Überstunden zu verrechnen. Aber das läuft parallel: Er/sie arbeitet zwar zehn Stunden am Tag unglaublich hart, aber dann geht er/sie trotzdem noch fünf Stunden auf Juchee und verbraucht sich doppelt.

Sie sehen jedenfalls noch kein Ende der Spaßgesellschaft?

Nein. Das ganze System drängt immer mehr in diese Richtung, gerade auch in dieser konsumistischen Variante, wo es einem ständig entgegenbrüllt: Kauf! Erlebe! Fahre! Was, du warst noch nicht in der Karibik? Da hast du ein Sonderangebot – all inclusive. Du warst noch nicht Helikopter-Skiing in Kanada? Alles wird immer dichter. Ich will alles und das sofort. Und du kannst alles sofort haben. Du kannst jeden Computer um einen Euro mitnehmen, die Rückzahlung beginnt erst in einem halben Jahr. Das war ja alles noch nie so dicht und so intensiv wie heute.

Kann sich das so halten? Kommen auf die Menschheit nicht insgesamt Probleme zu, wo man mit einem reinen Spaßgesellschaftsdenken nicht mehr durchkommt?

Das glaube ich auch. Aber zugleich ist dieses System an diese Logik gefesselt. Wenn den Leuten der Spaß vergeht, haben wir sofort einen wirtschaftlichen Backlash. Ich muß die Leute so laut betrommeln, daß sie möglichst nicht aus der Betäubung erwachen. Es war immer die Frage, auch ökologisch, wie es ohne große Krise – das wäre die schlechte Variante – weitergehen kann. Aber wie groß muß eine Abfolge von kleinen Katastrophen sein, damit sie das Denken der Menschen entscheidend verändert? Das ist eine interessante Spekulation.

Univ.-Prof. Dr. Manfred Prisching lehrt Soziologie an der Universität Graz.

COMEBACK DER WERTE
Gespräch mit der katholischen Theologin Regina Polak

Was kennzeichnet Ihrer Meinung nach eine Gesellschaft, die den Titel Spaßgesellschaft verdient?

Ich plage mich mit dem Spaßbegriff. Wenn Spaß wirklich etwas Positives sein soll, dann würde ich lieber von Freude sprechen. Das ist ein etwas altmodisches Wort, aber eine Gesellschaft der Freude könnte ich mir durchaus vorstellen. Inspiriert hat mich dazu ein Buch von Herbert Pietschmann, der genau zwischen diesen beiden Begriffen – Spaß und Freude – unterscheidet. Ihm zufolge ist das Gegenteil der Freude nicht der Ernst, sondern der Spaß, während der Feind des Ernstes nicht die Freude, sondern die Trostlosigkeit ist. Wenn ich jetzt ein positives Bild malen soll, dann spreche ich lieber von der Freudegesellschaft, weil ich Spaß eigentlich für die Abwehr der Freude und des Ernstes halte. Und die Freudegesellschaft könnte sich dadurch auszeichnen, daß Menschen frei sind, daß Menschen lieben können und ein echter »Schalom« – ein wirklicher Friede – herrscht. Und das kann sich durchaus auch mit Ernst paaren. Ich glaube, daß Freude und Ernst zwei polare Befindlichkeiten sind, die zutiefst zusammengehören, daß man das nicht an der Menge des Lachens erkennt, aber daß das Lachen doch auch dazugehört. Karl Rahner hat einen sehr schönen Text über das Lachen geschrieben, wo er unter anderem zeigt, wie sehr das Lachen an das Heilige rührt. So ein Lachen würde ich mir wünschen in einer Freudegesellschaft.

Es wäre interessant, den Begriff Spaß von ähnlichen Begriffen abzugrenzen – von Lust, von Freude, von Vergnügen oder von Zerstreuung. Spaß im Sinne der Spaßgesellschaft ist ja etwas anderes. Was ist das Negative am Spaß im Unterschied zur Freude?

Der Spaß vertreibt die Angst. Das ist negativ, weil die Fähigkeit, rechtzeitig und vor dem Richtigen Angst zu haben – z. B. vor sich selbst und den menschlichen Möglichkeiten –, für die Humanität einer Gesellschaft unersetzlich ist. Die Spaßgesellschaft, wie ich sie momentan wahrnehme und von der ich glaube, daß sie in den Endzügen liegt, ist de facto die Oberfläche einer Angstgesellschaft. Es gibt einen Amerikaner, Barry Glassner, der ein Buch geschrieben hat mit dem Titel »The culture of fear«. Er hat aufgezeigt, daß sich die Amerikaner vor den falschen Sachen fürchten. Der Begriff gefällt mir relativ gut: Die Grundtönung, die Grundstimmung unserer Gesellschaft ist eine ganz tiefe Angst – vor der Endlichkeit: die Unversöhntheit mit der Endlichkeit. Die Frage quält viele Menschen: Was tue ich mit meinem Leben? Da rinnt die Zeit dahin, und ich weiß eigentlich nicht, wozu das gut sein soll, was ich mit den Menschen rund um mich machen soll. Und rundherum explodieren alle möglichen Gewalteiterbeulen, Terror, Kriege, Genozide. Der Spaß hat die Funktion, die Angst vor all diesen Bedrohungen nicht aufkommen zu lassen. Im Grunde geht es beim Spaß um Angstverdrängung.

Und wie äußert sich das jetzt? Was sind für Sie die stärksten Symptome so einer Spaßgesellschaft?

Indem man versucht, die Zeit mit Unterhaltung vollzustopfen, indem man versucht, die Angst untenzuhalten. Es darf keine Minute kommen, die nicht verplant ist, in der nicht irgend etwas passiert, in der ich nicht etwas erlebe. Ich denke, man kann auch den Weiterbildungsexzeß, der unsere Gesellschaft zum Teil erfaßt hat, in dieser Kategorie der Spaßgesellschaft subsumieren, weil es letztlich darum geht, die Zeit nicht Zeit sein zu lassen. Man verhindert, daß irgend etwas passiert, was ich nicht geplant habe, was ich nicht kontrollieren kann und was mein perfekt zu sein habendes Leben unperfekt macht. Langeweile ist verpönt.

Von Martin Heidegger gibt es eine Analyse der Langeweile. Er zeigt, daß es eine Form von Langeweile gibt, die einen dazu befähigt, in eine Tiefe des Seins oder der Wirklichkeit zu geraten, wo die Fülle der Wirklichkeit wahrnehmbar wird. Diese Langeweile muß man aber ertragen können. Davor gibt es alle möglichen Versuche, sich vor dieser Langeweile irgendwie abzuschotten. Genau das versucht die Spaßgesellschaft: Sie erträgt es nicht, zu diesem Punkt der Langeweile zu kommen, der aber meiner Einschätzung nach der wesentliche Punkt ist, wo schöpferisch neues Leben entstehen kann. In der Pädagogik spricht man mittlerweile auch von produktiver Langeweile, weil man bemerkt, daß die Kinder zum Teil so überreizt sind durch Fernsehen und tausend verschiedene Spielsachen, daß sie es einfach nicht mehr aushalten, mit sich selbst zu sein und die Zeit sein zu lassen. Und da gibt es inzwischen Ansätze, wo man versucht, den Kindern bewußt diese Langeweile zuzumuten, damit sie lernen, aus sich heraus schöpferisch zu werden.

Wenn es so etwas wie Spaßgesellschaft gibt, vielleicht nicht als ein die Gesellschaft beherrschendes Element, aber als starker Anteil daran, seit wann ist das Ihrer Einschätzung nach spürbar?

In der Naivität dessen, daß es auch wirklich möglich ist, in einem positiven Sinn eine Spaßgesellschaft zu leben, gibt es das seit den achtziger Jahren. Da war noch so ein Zeitklima, wo so viel möglich erschienen ist. In den siebziger Jahren ist man noch vom Ernst der Generationen davor okkupiert und beschäftigt sich mit der Vergangenheit. Dieses so lockere und auch naiv Spaßhafte sehe ich vor allem in den achtziger Jahren. Man sieht es an der Kleidung, an den Frisuren, an den Sendungen, die damals im Fernsehen waren. Da herrschte der naive Glaube, es wäre wirklich möglich, nur mehr zu lachen. Es wird dann zwar intensitätsmäßig mehr in den neunziger Jahren, aber da färbt sich die Angst schon durch. Parallel zur Krise der Fortschritts, in der den Menschen bewußt wird, wie zerstörerisch der westliche Fortschritt und wie fragil unser

Friede und Wohlstand ist, entsteht als Abwehrmechanismus der Zwang zum Spaß.

Der Begriff Spaßgesellschaft kommt aber interessanterweise erst in den neunziger Jahren auf.

Ja, das ist interessant, aber logisch, weil die Fähigkeit, etwas zu benennen ja die Gebrochenheit des Bewußtseins voraussetzt – und die ist eben erst in den Neunzigern gegeben.

Aber Sie meinen, daß der Zenit überschritten ist.

Ja. Ich glaube, daß es ein Comeback konservativer Werte gibt, in aller Ambivalenz, die das auch bedeutet. Wir haben leider auf der einen Seite auch wieder sehr reaktionäre gesellschaftliche Gruppierungen, die sich bestätigt fühlen durch diesen Retrotrend: Die Spaßgesellschaft ist gescheitert, wir brauchen wieder die alten Werte. Aber ich merke auch, gerade im Bereich der Jugendwerteforschung, daß traditionelle Werte wieder modern werden: wie Treue, wie Loyalität, wie Vertrauen. Andreas Steinle und Peter Wippermann haben da in Deutschland ein neues Jugendwertebuch herausgebracht, über das man natürlich viel diskutieren kann. Da spielt der Vertrauensbegriff bei den Jungen eine ganz große Rolle. Der Ruf nach Ethik taucht ja auch in der Wissenschaft und in der Wirtschaft immer stärker auf. Das halte ich schon für positive Entwicklungen. Auch wenn man kritisieren kann, daß Ethik oft nur ein Mascherl ist, damit man seine Produkte besser losbekommt.

Können Sie in der Vergangenheit besondere Formen von Spaßgesellschaft orten? Etwa im angeblich so dekadenten ausklingenden römischen Reich mit seinen Orgien oder beim Adel im Mittelalter mit seinen Tierhetzen?

Ich bin keine Historikerin, aber wenn Sie das so sagen, würde sich bei mir folgende Theorie einstellen: Möglicherweise tauchen solche Phänomene wie Spaßgesellschaft dann auf, wenn ein bestimmtes gesellschaftliches Ordnungsgefüge in einen Transformationsprozeß gerät, eine alte Ordnung zu Ende geht und eine neue Ordnung entsteht, und in diesem Vakuum dazwischen weiß man nicht so recht, wie man tun soll. Da stellen sich dann zum einen die existenziellen Fragen mit allem Ernst und aller Schwere, und weil man das wahrscheinlich kaum aushält in der Dichte, in der man das wahrnimmt, sucht man sich Ausflüchte.

Im 18. Jahrhundert, vor der Französischen Revolution, sagte die berühmt-berüchtigte Madame Pompadour: »Nach uns die Sintflut.« Man hat offenbar gewußt, es geht nicht so weiter, aber wir vergnügen uns jetzt noch, so lange es geht.

So eine Position setzt natürlich historisches Bewußtsein voraus, und da sehe ich dann schon eine Differenz zu den jungen Leuten, mit denen ich zu tun habe und die ich interviewt habe. Da würde diese Theorie so nicht zutreffen, weil die einfach zu wenig historisches Bewußtsein für so etwas haben. Das betrifft ja auch nicht alle Jugendlichen. Sie haben bei den Jugendlichen auf der einen Seite die Wiederkehr der humanistischen Werte und eine starke Betonung derselben, und auf der anderen Seite haben Sie Jugendliche, die so naiv an diesen Spaß glauben, daß sie das nicht tun, weil sie das Gefühl hätten, das geht wirklich zu Ende, sondern weil sie glauben, das ist wirklich die Wirklichkeit. Um diese Jugendlichen muß man sich, glaube ich, große Sorgen machen.

Bei denen ist es aber auch keine verdrängte Angst.

Es ist eine diffuse Angst, die sie nicht benennen können, weil ihnen die Worte fehlen. Es würde zwar vollkommen meiner Anthropologie widersprechen, wenn es möglich wäre, keine Angst zu haben, aber die Frage für mich ist: Kann ein Mensch so geschichtslos werden, so geistlos werden, daß er gar nicht mehr fähig ist, so eine Angst zu spüren? Ich hoffe nicht, daß das so ist. Aber wenn ich mir manche Gruppen junger Leute anschaue, dann erschrecke ich und denke, vielleicht ist es doch möglich, vielleicht gehört auch das zur menschlichen Freiheit, daß er absolut den Geist verweigert. Und wenn ich eines als ein großes Zeitthema der Gegenwart auch noch wahrnehme, dann ist es diese Geistvergessenheit, also der blanke Empirismus, der kann sich auch als Historismus tarnen. Also Wirklichkeit ist nur das, was empirisch entweder war, wahrnehmbar oder voraussagbar ist. Und Phänomene, die mit der spirituellen Wirklichkeit zu tun haben, mit der materiellen Dimension unserer Wirklichkeit zusammenbringen, das können einfach nicht viele Leute. Da nehme ich doch an, daß es Menschen gibt, die das Fürchten verlernen. Vor denen habe ich eigentlich die meiste Angst.

Das kann aber so etwas wie »Gottvergessenheit« sein, einfach mit dem Eindruck: Der Mensch ist nur eine höhere Form des Tieres, er lebt nicht auf ein Ziel hin, sondern muß sich nur in der Gegenwart das mögliche Maximum an Freude oder eben Spaß verschaffen.

Sie kennen sicher das großartige Marianne-Gronemeyer-Buch »Die Macht der Bedürfnisse«. Sie beschreibt genau diesen Vorgang, weil genau diese Orientierung an den Bedürfnissen und am eigenen Wohlbefinden aufzeigt, in diesem dialektischen Totalitarismus, daß das zunächst eine Befreiung ist, daß aber die Orientierung ausschließlich am eigenen Bedürfnis dazu führt, daß man von den Bedürfnissen abhängig wird.

Wobei der Spaß ja über die Bedürfnisse hinausgeht. Das Wesen des Spaßes besteht ja darin, daß man keine Existenzsorgen hat und sich Überflüssiges leisten kann.

Das würde ich aber als Freude bezeichnen. Leute, die ich als typische Vertreter der Spaßgesellschaft diagnostizieren würde, bei denen bin ich gar nicht sicher, ob die das genießen, was sie tun. Das wirkt für mich eher gestreßt. Kategorie: Freizeit-streß. Da haben Leute einen Terminkalender für die Freizeit, der so voll ist wie der normale Büroterminkalender. Ich kann mir nicht vorstellen, daß das wirklich Spaß macht. Mir würde das keinen Spaß machen.

Aber würden diese Leute das je zugeben?

Nein, das glaube ich nicht. Die drehen den Spieß um und stellen einen als fade Person hin, die mit sich selbst nichts anzufangen weiß. Die machen einen unglaublichen Druck. Das kann man im Kindergarten schon beobachten. Ich habe einen kleinen Sohn, einen Fünfjährigen, wo es dann im Kindergarten schon heißt: Wer hat am Wochenende was gemacht? Und da gibt es Freizeitdruck. Wer war wo auf Urlaub? Und da wird hochlizitiert von Ägypten bis Amerika. Wer da nicht mithalten kann, hat da schon ein gröberes Problem. Was, du warst nur im Park? Das ist ja urfad! Also die würden nie zugeben, daß das auch für die Kinder ein Streß ist. Der, der nicht mitmacht, hat anscheinend etwas nicht kapiert.

Spaß kann ja als Lebensinhalt letztlich nicht genügen – oder?

Als Theologin sage ich: Nein, das kann unmöglich sein. Aber ich bin mir nicht sicher. Ich weiß nicht, ob ein Mensch, wenn es keinen äußeren Feind gibt oder keine Notwendigkeit, etwas zu verändern, nicht doch auch die Möglichkeit hat, das bis zu seinem Totenbett so zu betreiben. Warum nicht?

Ist nicht die Spaßgesellschaft ein natürlicher Feind einer spirituellen Gesellschaft?

Ja, natürlich, gar keine Frage. Weil die spirituelle Freude eine ganz andere Qualität hat als der Spaß. Die Spiritualität zielt ja nicht auf Zeitvertreibung, sondern auf die Wahrnehmung der Zeit als Geschenk. Das sind totale Gegenpole, der Spaß

wehrt den Geist ab. Deswegen sehe ich auch in dieser Re-
spiritualisierung ein Hoffnungszeichen.

*Die Kirche muß sich ja darauf einstellen, daß ein größerer Teil
der Gesellschaft am Spaß festhält oder zumindest in diese Richtung tendiert. Was hat die Kirche diesen Leuten anzubieten?*

Freude und Hoffnung. Das Schlechteste, was die Kirche
machen kann, ist, wenn sie den Spaß dauernd miesmacht.
Das halte ich für sachlich falsch und auch für strategisch
einfach unzureichend. Also, wenn sie den Menschen erklärt,
sie dürften keinen Spaß haben und es sei ganz verwerflich,
nach Dingen zu streben, die angenehm sind. Das geht päd-
agogisch nicht, und ich halte es auch für sachlich falsch, denn
die wirkliche Antwort der Kirche wäre, begründete Hoffnung
zu geben und die Menschen zu befähigen, zwischen Spaß und
Freude unterscheiden zu lernen, sodaß man die Freude genießen lernt. Dann wird der Spaß von selbst schal und öd.

Hoffnung zu geben halte ich momentan noch vor aller
Gesellschaftskritik für die prophetische Aufgabe der Kirche:
Angesichts der Probleme, denen wir gegenüberstehen und
die man nicht schönmalen darf, trotzdem zu sagen: »Ich
hoffe darauf, daß wir diese Probleme meistern können.« Das
verlangt wirklich die Hoffnung, von der die Paulus-Briefe
sprechen, weil das zum Teil angesichts mancher Bedrohungen wirklich absurd ist, zu hoffen, daß das Reich Gottes
kommt. Und ich glaube, daß wir eine solche Art von Hoffnung darzustellen haben, nicht nur darüber reden, sondern
wir müssen selbst wieder hoffen lernen – als Kirche – auf
eine bessere Zukunft. Momentan sind wir ein depressiver
Haufen, manche davon euphorisch aggressiv, was nur die
Kehrseite ist.

Ich sage immer: Wir glauben vielleicht nicht wirklich
daran, daß das Reich Gottes schon angebrochen ist. Die
Kunst wäre, die Balance zu halten, daß man wahrnimmt,
wie viel da noch gottfern und wie viel da noch dämonisch

ist, und sich gleichzeitig diesem Reich auch anvertraut. Aber das hängt damit zusammen, daß wir zwar in der Gesellschaft einen Respiritualisierungstrend haben, aber binnenkirchlich unsere Kirchen, da teile ich die Meinung von Paul Zulehner, spirituell ausgeblutet sind.

Und warum sind die Kirchen spirituell ausgeblutet?

Das sind die sattsam bekannten historischen Gründe: die Moralisierung der Religion, die Ethisierung der Religion, die Politisierung der Religion, das geht alles auf Kosten der Spiritualität. Zu viel weltliche Macht.

Und dazu die inneren Konflikte?

Ja natürlich, unsere Binnenkonflikte, unsere Unfähigkeit, mit uns selber umzugehen. Die zerbrochene Einheit zwischen den Kirchen und innerhalb der Kirche, die ganzen Frontstreitigkeiten, das pastorale Schisma zwischen dem Klerus und den Laien, also diese ewig aufgeschobenen Probleme, die da vor sich hindampfen, das blockiert unheimlich viele Kräfte und macht eigentlich tot.

Ist es Zufall, daß sich die Krise der Kirche mit dem Aufkommen der Spaßgesellschaft verstärkt hat?

Da gibt es natürlich Wechselwirkungen in beide Richtungen. Weil ich schon glaube, daß mit dieser extremen Krise und Schwäche der Kirche eine ganz wesentliche gesellschaftliche Institution fehlt, die helfen könnte, die eigentlichen Probleme zu lösen, von denen ich glaube, daß sie geistige, spirituelle und wertemäßige sind. Dazu sind wir momentan irgendwie zu schwach. Das ist die eine Seite. Die andere Seite ist, daß die Spaßgesellschaft, wie ich sie vorher beschrieben habe – als der Versuch, die Zeit zu kontrollieren und in den Griff zu bekommen – auch eine unheimlich aggressive Komponente drinnen hat, die natürlich auch gar nicht will, daß die Kirche aus dieser Krise herauskommt. Und in dieser Pattstellung sind wir momentan. Und in der wird auch gekämpft. Ich rieche da schon den neu erstehenden Kulturkampf und warte, bis er ausbricht, auch bei uns in Österreich. Ich weiß nicht, an welchem Thema er sich entzünden wird, aber ich spüre das einfach sehr stark.

Ein wesentlicher Unterschied ist sicher, daß die Kirche bestimmte Regeln und Ordnungen vertritt, ein Wertesystem hat und auch Bindungen und Verbindlichkeiten einfordert, während das Wesen der Spaßgesellschaft ist, immer unverbindlich zu sein. Der Zwang, dauernd frei handeln zu können, ist ja schon wieder ein Zwang. Daher heiratet man in einer Spaßgesellschaft eher nicht, setzt keine Kinder in die Welt. Bei fast allen meinen Gesprächen zu diesem Thema ist irgendwann dieses Wort der Frau Ministerin Gehrer gefallen, das stark verkürzt lautet, die heutige Gesellschaft tendiert zu Partys und nicht zu Kindern.

Genau an diesem Beispiel kann man sehr gut zeigen, was das wirkliche Problem ist. Es sind nicht die Partys, die die Kinderzahlen senken. Sondern es ist bei diesen jungen Erwachsenen, die diese Kinder nicht mehr kriegen, genau die Mischung aus unheimlich irrationalen Ängsten und diesem aggressiven Perfektionismusanspruch, die sich da paart. Und die potenziert sich ins Unermeßliche. Wenn man mit jungen Leuten redet, dann wollen die ihre Kinder nur, wenn rundherum alles perfekt ist: Du brauchst eine Superwohnung, du brauchst ein Auto, der Job muß fertig sein, eine Lebensplanung muß auch schon da sein, und im Zweifelsfall kommt dann die Kinderentscheidung schlichtweg zu kurz. Die Idealisierung von dem, was es heißt, Kinder zu bekommen, kommt auch noch dazu. Das Absurde ist ja, daß manche Sachen so hochwertig sind, daß diese Hochwertigkeit dazu führt, daß der Wert nicht mehr realisiert wird. Das kippt quasi ins Gegenteil. Mit Partys hat das am allerwenigsten zu tun.

Mutmaßlich meinte Elisabeth Gehrer: Die einen sind bereit, Verantwortung in dieser Gesellschaft zu übernehmen, die anderen suchen eher das Vergnügen …

Da muß ich jetzt wirklich die Jugendlichen und jungen Erwachsenen verteidigen. Gerade die Jugendlichen von heute sind so etwas von freudlos, daß ich es manchmal zum Heulen finde. Wenn ich vergleiche, ich bin jetzt 37, und ich kann mich noch ungefähr erinnern, was ich in meiner Jugendzeit gemacht habe. Ich war wesentlich freier und habe wesentlich weniger Verantwortung für mein Leben übernommen als das die jetzige Generation tut. Wir waren jeden Abend fort und haben uns in der Schule gespielt. Dann haben wir maturiert, und es hat geheißen: Ihr könnt alles machen, ihr kriegt jeden Job, denn ihr habt die Matura. Das war die Maturaansprache meiner Direktorin. Sonst hätte ich mich damals nie getraut, Philosophie und Theologie zu studieren. Heute sind Jugendliche in einer ganz anderen Situation. Die strebern die ganze Woche über, die überlegen sich schon mit 14, 15 ihre Karriereplanung, welche Zusatzausbildung wollen sie dazu machen, und in den Ferien wird gearbeitet, damit sie sich dann die Freizeit leisten können. Ich habe in den Ferien nichts gemacht, da waren einfach Ferien. Die heute sind ganz tough, erfolgs- und karriereorientiert und tun das, was man ununterbrochen in den Medien hört, was man machen soll: Sie basteln an ihrer Karriere.

Mag. Regina Polak ist Assistentin am Institut für Pastoraltheologie der Universität Wien.

Wir leben in einer Wolfsgesellschaft
Gespräch mit dem katholischen Priester Helmut Schüller

Sie haben in den letzten Jahren in verschiedenen Funktionen – Jugendseelsorger und Religionslehrer, Caritas-Präsident von Österreich, Generalvikar der Erzdiözese Wien, Leiter der Wiener katholischen Ombudsstelle für Mißbrauchsopfer, Studentenseelsorger – umfangreiche gesamtgesellschaftliche Erfahrungen gesammelt. Finden Sie, daß wir in der heutigen Zeit in einer Spaßgesellschaft leben?

Man muß sicher vorsichtig sein mit der Betonung auf der heutigen Zeit. Spaß und ausgelassene, teilweise auch bedenkenlose Unterhaltung mit allen möglichen Mitteln war den Menschen nie fremd. Wir dürfen uns sicher auch die früheren Jahrhunderte nicht so vorstellen, als wäre es denen nicht auch hauptsächlich um den Spaß gegangen. Was vielleicht der Unterschied ist, daß es jetzt für die meisten Mitglieder unserer Gesellschaft ganz andere Einkommen gibt, die es jedem ermöglichen, sich Spaß zu beschaffen. Und das ist, glaube ich, eine Akzentverschiebung – der beschaffte Spaß, der eigens veranstaltet wird, der durch Medien herangeliefert wird, der nicht mehr so sehr in Fähigkeiten, originell zu feiern, besteht, sondern da wird sehr viel Fertigware konsumiert. Ich denke nur an die Passivität der meisten Spaßkonsumenten, das bloße Zuschauen oder Sich-berieseln-Lassen. Und da besteht sicher ein Unterschied, aber kein so grundsätzlicher, als ob quasi erst die heutige Gesellschaft auf Spaß aus wäre.

Es hat zwar früher oft Fest- und Feiertage gegeben, wo man über die Stränge geschlagen hat. Aber wir lebten lange in einer Sklavenhalter- oder Feudalgesellschaft, wo breite Volksschichten über längere Zeiträume darauf verzichten mußten, sich ihren Spaß zu gönnen. Das ist heute offensichtlich anders.

Das ist sicher anders. Aber hätten es sich die Leute damals leisten können, hätten sie es sich sicher auch geleistet. Es hat sich nicht der Mensch verändert, die Möglichkeiten haben sich verändert. Und damit verändert sich ein bißchen auch das Verhalten. Die andere Frage ist, ob der Spaß nicht mittlerweile an die Stelle der Sinnerfüllung gerückt ist. Darüber denke ich öfters nach. Wenn der Spaß zum Hauptzweck wird, wenn der Spaß Leere überdecken soll – sozusagen Spaß nicht als überschäumende Lebensfreude oder als tiefverwurzelte Gelockertheit, sondern Spaß fast mit einer gewissen Panik in sich, um sich der voranschreitenden uralten Frage »Wozu bin ich eigentlich da?« permanent zu entziehen. Ich denke nur an diese Phänomene, wo Jugendliche von Freitagnachmittag bis Montagfrüh durchfeiern. Da gibt es ja eigene Biotope dafür. Ich habe darüber Filmberichte gesehen, wo man sich dann mit Extradrogen fit hält, das alles überhaupt auszuhalten und so lange Zeit aufnahmebereit zu bleiben. Da hat das dann schon andere Dimensionen angenommen. Da nehme ich eher an, daß es sich vielleicht um eine verzweifelte Abwehr des Sinnlosigkeits- und Leeregefühls handelt, wobei das sicher auch in früheren Zeiten eine gewisse Rolle gespielt hat. Man wird sich ja überhaupt hüten müssen, da einen absoluten Bruch zu sehen. Es haben sich Menschen aller Zeiten gefragt, wozu sie eigentlich da sind, und wahrscheinlich haben viele, selbst als die Zeiten noch offiziell christlich waren, die Glaubenslehren nicht wirklich geglaubt und waren schrecklich verzweifelt über ihre Lebenssituationen und sicher sehr bestrebt, ihnen wenigstens für einige Stunden zu entkommen.

Ein nächster Aspekt sind die Wirtschaftsinteressen in der Spaßgesellschaft. Wer hat denn aller besonderes Interesse, daß die Leute Spaß haben, weil da was abzuschöpfen ist? Auch das ist nicht ganz neu. Herrscher haben immer versucht, das Volk bei Laune zu halten, durch Brot und Spiele, durch Wohlstand, aber auch durch Ablenkung. Jetzt kommt ein neuer Wirtschaftszweig hinzu, die Unterhaltungsindustrie, die diese Suche nach ausrastender Lebenslust für sich nutzt.

Zumindest die Sehnsucht nach Spaß hat es also immer schon gegeben, aber so dominant wie in der heutigen Gesellschaft war der Spaß wohl noch selten?

Es war vielleicht noch nie eine so breite Masse von Menschen ökonomisch so gut abgesichert, verfügte noch nie über so viele Möglichkeiten – Absicherung der Lebensrisiken, ein nach wie vor immer noch dichtes Versicherungs- und Absicherungsnetz, Absicherung auch der Umwelt. Es gibt eigentlich kaum Auseinandersetzungen, außer bei plötzlich hereinbrechenden Katastrophen. Der Mensch hat die Existenzbedrohungen ziemlich weit hinausgeschoben, einschließlich des Todes, das ist alles institutionell heute möglich. Aber dadurch ist auch ein gewisses Vakuum entstanden. Während frühere Generationen zum Teil auch in elementaren Existenzkämpfen steckten und der Spaß eher eine Draufgabe war, ein zeitweiliges Vergessen des harten Lebenskampfes, liegt das bis auf eine vielleicht langsam wieder wachsende Zahl von Menschen den meisten fern. Der immer noch größere Teil, zwei Drittel einer westeuropäischen Gesellschaft, sind in materiellen Verhältnissen, die sie sorglos sein lassen können. Und da sehe ich schon einen Zusammenhang mit der Frage: Was tun wir mit der Energie und mit der Zeit, die uns übrigbleibt? Die geistige Entfernung von den Grenzfragen hat zugenommen, es sei denn, es trifft einen plötzlich wie der Blitzschlag eine Krebsdiagnose, ein Autounfall oder so etwas. Aber ansonsten muß man gar nicht so viel Verantwortung für sich selber spüren und übernehmen. Ich denke nur daran, wie die österreichische Bildungsministerin von der Partyfreude der Jugendlichen gesprochen hat. Man hat die Jugendlichen ja auch wirklich so großgezogen, daß man ihnen immer mehr Sorgen abgenommen hat. Der überwiegende Großteil lebt relativ aus dem Vollen. Die ökonomische, die existentielle Sorglosigkeit – bis auf ganz unvermeidbare Einzelkatastrophen – erzeugt gleichzeitig auch ein Vakuum.

Spielt diese existentielle Sorglosigkeit auf der anderen Seite nicht wieder eine Rolle, daß manche ja in der Spaßgesellschaft den ultimativen Kick in besonderen Risiken suchen – unter dem Schlagwort »no risk, no fun«? Suchen sie vielleicht da den Nervenkitzel, den ihnen die Existenzsorgen offenbar nicht mehr bereiten?

Ich glaube schon, daß das Grenzen Spüren, Schmerzen Spüren, Sich-selbst-wahrnehmen-Wollen, etwas Herausforderndes erleben zu wollen, und sei es auch noch so verrückt, sicher etwas damit zu tun hat. Umgekehrt: Das Narkotisierende des Spaßes, das Lebensängste, Unsicherheiten überdeckende und anästhesierende Moment, ist sicher auch nicht von der Hand zu weisen. Ich habe gerade von Richard Sennett »Der flexible Mensch« gelesen, ein sehr interessantes Büchlein, wo er von der modernen Gesellschaft schreibt, die er – von drei Aspekten ausgehend – die flexible Gesellschaft nennt. Das eine ist, es wird von der Wirtschaft aus alles immer flexibler gestaltet. Es gibt immer mehr nur Kurzfristigkeit, aber damit auch mehr Unsicherheit und Unklarheit darüber: Was wird aus meinem Leben werden? Er stellt das früheren Generationen gegenüber und sagt: Die Leute haben keine Erzählungen mehr über ihr Leben vor Augen. Sie können ihr Leben gar nicht mehr in größeren Zusammenhängen sehen. Die Einwanderer in Amerika haben noch die große Erzählung gehabt, wie sie in die Gesellschaft einwandern und es zu etwas bringen, aber wenn du heute in so einer Gesellschaft lebst, gibt es kein Davor und kein Danach, sondern nur ein Jetzt. Worauf ich hinaus will und was mir an dem Buch aufgefallen ist: Wenn mein Leben keinen Bogen mehr hat, wenn ich mich darauf einstellen muß – Ich muß kooperativ sein, was immer auch auf mich zukommt, aber ich weiß nicht, mit wem ich morgen kooperieren muß und mit wem in zehn Jahren, ich weiß auch nicht, wohin mich das Leben führt –, suche ich da nicht das Narkotisierende, Ästhetisierende, um wenigstens das Jetzt orgiastisch auszukosten? Wenn ich keine Wurzeln mehr habe, weil

Erfahrung nicht gefragt ist? Je älter du bist, umso weniger bist du gefragt. Alter ist Belastung, Zukunft kann dir keiner versprechen, also am gescheitesten: Du lebst jetzt.

Also: Carpe diem!

Ja, das Leben des Jetzt ist natürlich ein Grundauftrag. Wir können ja auch nichts anderes leben als das Jetzt. Die Frage ist nur: Wenn das Jetzt abgekoppelt ist vom Vorher und Nachher, dann bleibt mir wirklich nur mehr die Orgie – quasi die Zeitachse wegzubringen und zu sagen: Ich haue mich in einen einzigen Augenblick »Verweile doch, du bist so schön«, in einen einzigen See von Spaß und Unterhaltung, von Stimulation. Vielleicht ist auch dieses Wort wichtig: Der Mensch muß stimuliert werden. Und das könnte vielleicht auch eine auffällige Entwicklung sein, daß sich der Mensch stimulieren lassen kann. Aufgrund seines Einkommens kann er sich Dinge heranschaffen lassen. Und da komme ich wieder zur Passivität. Spaß immer mehr als Ware, als konsumierbare Ware.

Hört sich der Spaß nicht irgendwann auf, wenn ich ihn institu-tionalisiere, wenn er sich jedes Wochenende in ähnlicher Form wiederholt: das Ziehen durch die gleichen Lokale, durch die glei-chen Bierzelte, der ständige Versuch, sich total der Lust hinzuge-ben. Wird man da nicht langsam leer?

Die Dosis muß natürlich gesteigert werden, ähnlich wie bei starken Medikamenten läßt die Wirkung nach.

Seit jeher hat es bestimmte Zeiten für Spaß und Ernst gegeben, den Fasching als die lustige Zeit, auf die dann die besinnliche Fastenzeit folgte. Dann gab es bestimmte Festtage, wo man feierte und ausgelassener war. Das scheint ja für viele keine Bedeutung mehr zu haben – man will das ganze Jahr durchfeiern – ohne irgendwelche meditative Phasen.

Obwohl man dann bemerkt, daß Teile der Gesellschaft sich wieder um sich selbst Sorgen machen und sehr wohl aus völlig neuen Motiven, nicht aus den alten Rhythmen, sondern aus neuen Motiven – Gesundheit oder sonstiges Wohlfühlen – doch auch wieder Antipoden finden. Dann wird sozusagen die profanierte Fastenzeit als das als notwendig erkannte Moment der Abwechslung angepriesen. Das erreicht aber sicher nicht alle und setzt voraus, daß mir da etwas abgeht und ich draufkomme, daß ich auch den Kontrast zum Spaß brauche. Das setzt natürlich eine gewisse Nachdenklichkeit voraus, die vielleicht vielen gar nicht offen steht. Wie komme ich überhaupt in die Lage, über den Spaß hinauszukommen, wenn ich dem Leben Freude abgewinnen will? Ist es nicht auch eine Bildungsfrage? Haben die Menschen ausreichend Zugang zu den kulturellen Instrumenten einer ausgewogenen Spaßfindung?

Ich erinnere mich noch gut der sehr kritischen Äußerungen des alten großen Gewerkschafters Fritz Klenner: In der sozialdemokratischen Bewegung haben wir uns jahrzehntelang für die Menschen um den Zugang zu den Bildungsgütern bemüht, in allen Arten von Arbeiterbildungsvereinen, haben selbst dem, der von Haus aus schlechte Karten gehabt hat und nicht dem Bildungsbürgertum angehört hat, die Möglichkeit angeboten, ausgewogene Lebensfreude zu kultivieren durch Zugang zum Schönen. Und dann sagte er: Dann war es irgendwann einmal aus, dann haben wir quasi den Leuten nur noch das Einkommen erkämpft, aber sie nicht vorbereitet auf den Umgang mit dem neuen Wohlstand. Und das fällt mir jetzt ein. Ist in dieser Thematik nicht auch die Bildung angesprochen, und zwar nicht als Bildung im Sinn von Lexikonwissen über Komponisten und Maler, sondern auch der Persönlichkeitsbildung in der Anlage des Lebens?

Nehmen wir die Katholische Jugend. Wenn ich den heute Sechzigjährigen zuhöre, dann sagen die, für sie war die Katholische Jugend ideell unterlegte Lebensfreude. Die sind durch die Jugendarbeit der Kirche herangeführt worden an interessante Aspekte des Lebens, begeisternde, faszinierende Dinge.

Der Pfarrer hat das erste Motorrad gehabt, da durfte man mitfahren, der Pfarrer hat den ersten Fernsehapparat gehabt, da ist man am Sonntag fernsehen gegangen, da wurde aber immer auch eine gewisse Einordnung dieser Dinge mitgeliefert. Es hat die KJ-Lustbarkeiten gegeben, die wieder zu katholischen Ehen geführt haben, quasi eine interne Heiratsvermittlung. Das ist alles weg. Außer daß die Katholische Jugend in ihren Heimen Partys feiert, ist sie längst übertrumpft durch den Zugang der jungen Jugendlichen zur allgemeinen Unterhaltung. Es gibt aber keine Begleitung darin. Die Jugendlichen gehen ihrer Freizeit, ihrem Spaß auf einer eigenen Schiene nach. Wenn sie in die Katholische Jugend kommen, suchen sie etwas anderes. Es kommen viel weniger, das ist einmal ein Vorteil. Aber bei denen, die kommen, fällt es mir in meinem Alter, aber auch wesentlich jüngeren Jugendverantwortlichen, nicht mehr leicht, ihnen geistig in ihre Spaß-, Erlebnis- und Lebensfreudewelt zu folgen, geschweige denn physisch. Das hat sich abgekoppelt.

Es ist ja nicht mehr alles so rosig in der Arbeitswelt und in der Weltwirtschaft. Wir haben auch einen heraufdämmernden Konflikt der Kulturen. In anderen Breiten steht nicht der Spaß, sondern der Kampf ums Überleben an erster Stelle. Glauben Sie, daß sich in dieser Situation unser Kulturkreis, die Industrienationen, auf die Dauer das Vergnügen leisten kann, als Spaßgesellschaft oder stark der reinen Unterhaltung verfallene Kultur weiterzuleben?

Da kommt noch ein wichtiger Punkt dazu, bevor ich darauf eingehen kann. Spaßgesellschaft heißt sicher auch die Maxime: Ich suche das, was mir Spaß macht. Man klinkt sich mit dieser Gesinnung mehr oder weniger aus der Verantwortung für andere aus. Eine Gesellschaft, in der die einzelnen in immer größerem Maß ihrem eigenen Spaß hinterher sind, verliert ihren Zusammenhalt in ernsten Zusammenhängen und Themen des Lebens. Und da kommt ja schon, selbst wenn es keinen Süden der Welt gäbe, eine Gesellschaft in sich an ihre Grenzen. Abgesehen davon, daß eine solche Gesellschaft ganz beinhart aus der ganzen Erde ihre wirtschaftliche Dominanz herauspumpt bis zum Letzten, um die Einkommen zu sichern, die für das alles nötig sind. Wenn Spaßgesellschaft bedeutet, daß das dominante Ziel ist: Ich will meinen Spaß haben, ich minimiere das, was mir den Spaß verdirbt oder mich in meiner uneingeschränkten Spaßkonsumation hindert, dann führt das letztlich auch zur Auswanderung aus sozialen Bezügen und erst recht aus sozialen Verantwortlichkeiten. Wer kümmert sich dann zum Beispiel um die Familie?

Heißt Spaßgesellschaft dann Egoistengesellschaft?

Das kann kraß gesprochen Egoistengesellschaft heißen, Gesellschaft von hedonistischen Egoisten. Weil eine solche Gesellschaft für sich selbst und für die eigenen Angehörigen nicht will, daß die alle verwahrlosen und verkümmern, wird sie zunächst in einem ersten Reflex alles dem Staat übertragen, das heißt die Verstaatlichung der sozialen Verantwortung des einzelnen, daß man von der Kinderbetreuung bis zur Altenpflege alles dem Staat anhängen kann. Da ächzt natürlich der Staat und sagt, wenn ich das alles leisten soll, müßt ihr mir dafür mehr Kohle geben. Und dann sind wir in diesen Kreisen, in denen wir uns ja jetzt schon andeutungsweise befinden. Da gibt es einmal die innere Grenze einer Gesellschaft, das kann letztlich eine Wolfsgesellschaft werden, in der sozusagen der einzelne sagt: Okay, solange ich Spaß haben kann, habe ich Spaß, wenn ich nicht Spaß haben kann, ist eh alles aus. Aber ich mache mir keine Sorgen um die anderen, darum, was aus denen wird, die auf andere angewiesen sind.

Der zweite Aspekt: Eine Spaßgesellschaft im Sinn einer Gesellschaft wohlhabender Egoisten wird vermutlich den »Rest der Welt« – der bekanntlich in Wirklichkeit der größere Teil der Welt ist – ausblenden wollen, aber auch damit an starke Grenzen kommen. Denn es werden sich die Spannungen verschlimmern, es wird Druck auf den hier konzentrierten Wohlstand entstehen, entweder durch Weltunordnung, durch Terrorismus, aber auch durch Wanderbewegungen. In Ausläufern ist das ja schon spürbar, wenn auch noch lange nicht so kraß, wie es sein könnte. Da klopft ja schon der Habenichts laut und vernehmlich an die Tür und sagt: Ich möchte auch mitmachen, ich möchte auch zu Lebenschancen und Spaß kommen. Ich möchte beteiligt werden an dem Kuchen. Da ist die Politik gefordert, dieser Gesellschaft einigermaßen klar ins Gesicht zu sagen, was auf sie zukommt. Natürlich sind auch Institutionen wie Kirchen, Gewerkschaften, Interessenverbände gefordert, reinen Wein einzuschenken und auf die größeren Zusammenhänge hinzuweisen. Die Kirche kämpft natürlich sowieso mit dem Vorurteil der »Tante, die keinen Spaß versteht« – mit all ihren Geboten. Sie wird daher so wenig gehört wie selten zuvor. Wobei man da auch nicht übertreiben darf: Es hat wahrscheinlich immer das Bestreben gegeben, sich dieser unbequemen Mahnerstimme zu entziehen.

Der Begriff Spaßgesellschaft ist Anfang der neunziger Jahre im Zusammenhang mit Fußball erstmals aufgetaucht. In den Terroranschlägen vom 11. September 2001 sah zunächst der deutsche Publizist Peter Scholl-Latour das Ende der Spaßgesellschaft. Teilen Sie diese Diagnose?

Wenn ich die Herkunft des Begriffes richtig interpretiere, meint man damit die abgehobene sich verselbständigende Spaßsucherei, Gesellschaften, die aufgrund der ökonomischen Lage übermütig geworden sind und Lebensrealitäten auszublenden begonnen haben.

Es ist auch die Passivität. Beim Fußball sind gleichzeitig nur 22 Spieler auf dem Feld, aber Tausende oder Zehntausende im Stadion, und via Fernsehen schauen unter Umständen Hunderttausende oder Millionen dabei zu und tun nichts.

Das ist vielleicht gar nicht so sehr der Punkt. Es ist durch die Industrialisierung der Unterhaltung sicher auch noch viel ärger geworden. Wenn ich mir einen mittelalterlichen Dorfplatz vorstelle, dann sind dort auch alle zusammengerannt, wenn ein Narr oder Gaukler aufgetreten ist. Das Gaffen hat es immer gegeben. Beim Fußball sind es vielleicht neue Dimensionen, wenn 50.000 auf einem Fleck das gleiche konsumieren. Da sehe ich gar nicht den großen Unterschied.

Aber während das früher quasi zwangläufig durchmischt war mit dem elementaren Lebenskampf, kann heute scheinbar der Spaß bereits den Hauptzweck bilden. Ich lebe von Urlaub zu Urlaub, von Wochenende zu Wochenende. Das hat es wahrscheinlich so noch nie gegeben, daß man sagt, das Leben muß hauptsächlich ein Spaß sein und dazwischen muß man halt ein bißchen was arbeiten und sich ausrasten vom allzu anstrengenden Feiern. Und daß diese abgehobene Gedankenlosigkeit, die schon zur Realitätsverweigerung führt, durch solche Ereignisse, wie Scholl-Latour meint, zurückgeknallt wird auf den Boden der Realität.

Wie weit haben Sie in Ihrer Arbeit bei der Caritas etwas von einer Spaßgesellschaft erlebt, vermutlich doch eher das Gegenteil?

Die Caritas hat als jene Institution, die an jene Bereiche des Lebens erinnert, von denen man besonders ungern hört, natürlich auch ihre Kollisionen mit der Spaßgesellschaft. Erstens einmal des Geldes wegen. Was ich spende, kann ich nicht mehr für mich ausgeben. Das fängt schon beim kleinen Buben an: Gebe ich etwas für die Missionssammlung oder kaufe ich mir ein Eis? Bis hin zu den Großen. Ist die Erwartung der Caritas an Freigebigkeit nicht eigentlich spaßverderberisch? Dann die Erinnerung der Caritas an die Ursachen von Armut einerseits, dann die Erinnerung, daß du von all diesen Sachen gar nicht so weit fort bist, wie du glaubst. Ich habe in meinen Vorträgen immer die Passage eingebaut, daß uns von den meisten obdachlosen Bewohnern der Caritashäuser in Wahrheit nur zweieinhalb bis drei Monatsgehälter trennen, also kein großer Abstand, sondern nur eine ganz simple ökonomische Realität und vielleicht auch nur ein paar Sekunden. Ursache für das Herunterkommen von Menschen war manchmal ein Schlaganfall, der nur in einer Zehntelsekunde passiert, eine Frau, die mir abhanden kommt, und schon ist mein Familienleben dahin, eine Firma, die wackelt.

Es gibt ja in Wahrheit nur drei Glücksfaktoren: Gesundheit, Beziehungen, Ökonomie. Wenn einer dieser Faktoren ausfällt, wird es schon schwierig, wenn zwei ausfallen, geht es abwärts. Das ist so meine Grobthese gewesen. Und wenn ich das erzählt habe, habe ich in viele betroffene, aber auch aggressiv abwehrende Gesichter geblickt. Da war zu spüren: Jetzt ist es aber genug. Da hast du mein Geld, um zu helfen, aber erzähle mir nur ja nicht, was sich da wirklich abspielt. Oder auch das Thema Ausländer – da meint man, die Caritas beschafft quasi neue Partygäste, für die ist das alles nicht ausgelegt.

Wenn es zutrifft, daß uns der Spaß so wichtig ist, haben Sie die Erfahrung gemacht, daß die Bereitschaft zum Spenden im Abnehmen ist?

Ich glaube schon. Ich kann die These belegen, daß die Spendenbereitschaft umgekehrt proportional mit dem Einkommen abnimmt. Das läßt sich, wenn man ein bißchen erforscht, wer unsere Spender sind, spendenstatistisch belegen. Das allermeiste Spendengeld kommt von kleinen Leuten, die sogar öfters spenden und relativ sehr viel zu ihrem Einkommen. Das verjüngt sich dann ziemlich massiv nach oben. Dort wo die größten Möglichkeiten sind, ist die geringste Bereitschaft. Das hat mich zur nächsten These geführt; sie ist zwar sprachlich unschön, aber ich habe sie trotzdem immer wieder verwendet: Je mehr man hat, desto mehr ist es immer zu wenig. Da gibt es ganz merkwürdige Gesetzmäßigkeiten. Offenbar auch: Je mehr ich habe, umso mehr Angst habe ich auch. Die Angst steigt im Verhältnis zu dem, was ich verlieren könnte. Daß die, die für die Caritas spenden, überwiegend die sind, die nicht ganz so viel zu lachen haben im Leben, um es jetzt auch auf die Spaßgesellschaft abzuheben, legt schon den Schluß nahe, daß mit steigender Spaßabhebung sicher auch die Sensibilität für jene, die nichts zu lachen haben, immer mehr abnimmt, weil man sich mit denen nicht beschäftigt, weil das sogar systematisch ausgeklammert wird. Und nur ab und zu und neuerdings hereingeholt wird auf gekonnte Weise innerhalb der Unterhaltungsindustrie für Benefizgeschichten, die da abgezogen werden, die sozusagen die letzten Reste von im Hinterstübchen vorhandenen Gutes-tun-Sehnsüchten abdienen helfen. Da läßt man mitten in der Show den Karlheinz Böhm auftreten, eine Spende an ihn, und das war es. Da könnte so jemand wie die Caritas sogar zum Helfershelfer der Spaßgesellschaft werden, indem sie durch das Aufstellen von Klingelbeuteln an den Rändern des Spaßspielfeldes diesen Betrieb auch mitbefördert und Gewissensentlastung verkauft.

Da könnte man auf irre Ideen kommen. Die Caritas ist umso beliebter, je eher sie den unschuldigen Armen hilft – das ist meistens ein Kind, ein behindertes Kind. Dem gehört die Spitzensympathie für eine letztlich nicht längerfristig etwas kostende Wohltäterschaft. Die Aggression steigt, wenn man vom stummen Klingelbeutelhinhalter zum erzählenden Klingelbeutelhinhalter wird. Und erst recht wächst die Aggression gegenüber einer Caritas, die sagt: Horcht, die Spielregeln sind schlecht. Das ganze Spiel sollte so nicht stattfinden. Siehe Flüchtlinge, siehe Dritte Welt. Dann geht es überhaupt ans Eingemachte. Dann kommen die aggressiven Feedbacks.

Die Spaßgesellschaft produziert offensichtlich auch Opfer. Zumindest gibt es an ihrem Rand eine beträchtliche Schar von Leuten, die diesen Spaß nicht erleben können. Gefährdet die Spaßgesellschaft nicht ihren eigenen Bestand, wenn sie diesen Rand ausblendet? Sind nicht einige ihrer Mitglieder nahe dran, sich diese Mitgliedschaft nicht mehr leisten zu können?

Ich glaube einerseits, daß tatsächlich durch die immer größer werdende Individualisierung und Atomisierung der Gesellschaft immer mehr Menschen immer früher aus sozialem Mitgetragenwerden herausfallen, daß die Caritas immer früher tätig werden muß als früher, Menschen schon auffangen muß, die noch aufgefangen werden könnten in einer aufmerksameren Umwelt. Das andere ist: Wir leben in einer Wolfsgesellschaft. Das heißt: Ich sitze auf dem Rücken eines Wolfes und galoppiere mit ihm dahin, aber wehe ich rutsche herunter, denn dann liege ich vor dem Wolf. Das heißt, dieses Gefühl, mit dem ich in meinen Caritas- und in meinen sonstigen Ethikvorträgen am unverblümtesten arbeite, ist die Aussage: Wer unsolidarisch ist, verschärft schon im vorhinein die eigene potentielle Not, indem er zu einer Gesellschaft beiträgt, in der ihm selber auch nichts passieren darf. Das ist das, womit ich zumindest für ein paar Sekunden schon betroffenes Schweigen und Nachdenken erzeugen konnte.

Denn es ist ja nicht so, daß ich abonniert bin auf die Seite der Leistungsträger, »der Anständigen und Fleißigen«, die durch einen gewissen Sicherheitsabstand von den anderen getrennt sind, sondern es ist so, daß ich nur deswegen relativ »fleißig und anständig« sein kann, weil ich dazu einige glückliche Faktoren habe. Aber der Ausfall von Faktoren katapultiert mich ziemlich blitzartig in die andere Gruppe. Und wenn ich mit dazu beigetragen habe, daß die Solidarität der Gesellschaft zerbröselt, dann kann ich selber zum Opfer dieser Entsolidarisierung werden.

Kann es nicht auch Spaß oder besser: Freude machen, nicht egoistisch, sondern altruistisch zu handeln? Während des letzten großen Hochwassers in Österreich, 2002, hatte man den Eindruck, daß es den Menschen auch Befriedigung verschaffte, anderen helfen zu können.

Ich würde sogar noch weiter gehen. Ich glaube, Spaß setzt grundsätzliche Lebensfreude voraus. Spaß sehe ich als Sahnehäubchen oder als Schaumkrone der Lebensfreude an. Je mehr ich in meiner Lebensfreude verankert bin, weil ich mich umseitig herausgefordert und letztlich in sehr wesentliche Dinge involviert fühle, nämlich in das Schicksal eines anderen, dem ich das Leben meistern helfe, desto eher wird der Spaß gelingen. Das Bild der Schaumkrone. Je weniger darunter ist, desto mehr wird der Spaß zu etwas degenerieren, was er von seiner Natur her gar nicht sein kann, nämlich Selbstzweck. Wie eine Schaumkrone ohne Welle.

Aber ich glaube, es gibt eine Korrelation zwischen grundsätzlicher Lebensfreude im ernsteren Sinn des Wortes und Spaß als überschießender Lebensfreude. Wenn das abgekoppelt ist, hängt das andere in der Luft, nimmt zwar den größten Platz ein, aber je mehr man daraus macht, es wird immer weniger. Das unbeschwerte Wochenende, wo ich weder meine Mutter anrufen noch jemanden im Spital besuchen oder etwas anderes tun muß, wird immer leerer. Komischerweise. Es ist zwar völlig freigemacht von allen Hindernissen, aber es ist auch kahlgeräumt vom Wesentlichen.

Monsignore Mag. Helmut Schüller ist katholischer Seelsorger an der Wiener Wirtschaftsuniversität, Leiter der Ombudsstelle für Mißbrauchsopfer und Pfarrer von Probstdorf.

DIE FUN-GENERATION? EHER JUVENILE ALTE ALS DIE JUGEND!

Gespräch mit der Jugendforscherin Ingrid Kromer

Was sind für Sie Kennzeichen einer »Spaßgesellschaft«?

Ich gestehe, ich kann den Begriff nicht mehr hören und finde ihn auch absolut unpassend, auch wenn er oft verwendet wird. Mit Spaßgesellschaft oder Fun-Generation meint man vermutlich junge Menschen, die sehr hedonistisch orientiert sind und Selbstverwirklichung als zentrales Lebensziel sehen. Eigene Familiengründung, politisches Interesse, Engagement für das Gemeinwohl, Solidarität mit anderen etc. scheinen dabei ins Hintertreffen zu geraten. »Spaß haben« im Hier und Jetzt geht sozusagen über alles. – Diese sehr allgemeine Einschätzung teile ich überhaupt nicht. Ich kann auch einen gesellschaftlichen Trend nicht sehen. Ich finde es falsch, wenn man heutigen Jugendlichen pauschal unterstellt, sie seien die Fun-Generation.

Finden Sie, daß wir oder ein großer Teil der heute lebenden Generationen mehr als in früheren Zeiten in so einer Gesellschaft leben?

Aufgrund des gesellschaftlichen Wandels hat sich natürlich das Aufwachsen von Kindern und Jugendlichen verändert. Wir leben in einer Konsum- und Freizeitgesellschaft, und das bringt es mit sich, daß viele Produkte und Leistungen, die auf einem breiten Markt angeboten und via Multimedia beworben werden, auch genutzt und konsumiert werden. Freizeit hat heute einen anderen Stellenwert als noch vor 40 Jahren. Das gilt sowohl für die ältere Generation als auch für die Jungen. Den Fokus jetzt auf die Jugendlichen zu richten und zu sagen, die sind besonders spaßorientiert, ist eine falsche, weil verkürzende Sichtweise. Wir leben in Österreich in einer Wohlstandsgesellschaft, gleichzeitig darf man nicht vergessen, daß es eine nicht zu übersehende Gruppe von Menschen (vor allem Frauen und Kinder) gibt, die an der Grenze zur Armut lebt und damit in ihrem Konsum- und Freizeitverhalten deutlich eingeschränkt ist.

Und auch wenn heute Kinder und Jugendliche vom gesellschaftlichen Reichtum profitieren – sicher nicht im gleichem Ausmaß wie Erwachsene –, kann nicht von einer Spaßgesellschaft gesprochen werden.

Aber mehr als die Elterngeneration, als diese jung war?

Richtig. Es ist auch nicht erklärbar, warum Kinder und Jugendliche heute asketisch leben sollen, wenn sie in einer an sich reichen Gesellschaft aufwachsen, wo ihnen die Erwachsenen ein bestimmtes Konsum- und Freizeitverhalten vorleben, das noch dazu über die Medien massiv beworben wird.

Was sind nun Kennzeichen einer Spaßgesellschaft, selbst wenn es eine Minderheit von zwei Prozent sein sollte, worin besteht deren hedonistischer Lebensstil?

Vorab: Ich habe den Eindruck, daß die Diskussion über die sogenannte Fun-Generation von den eigentlichen Problemen im Land wegführen soll. Kaum wird öffentlich thematisiert, daß der Übergang vom Jugendalter in die Erwachsenenwelt heute schwieriger und länger als zu früheren Zeiten ist: Es reicht z. B. nicht mehr, nur Volks- und Hauptschule besucht zu haben. Mädchen und Burschen müssen sich eine Reihe zusätzlicher Qualifikationen aneignen, um beruflich Fuß zu fassen – eine notwendige Voraussetzung, um in der Konsum- und Freizeitwelt mithalten zu können. Zudem sind heute viele Jahre notwendig, bis Jugendliche überhaupt von ihrem eigenen Einkommen leben können. Von »double income – no kids« kann zumindest für die Jungen keine Rede sein.

Tatsache ist, daß sich junge Menschen häufig mit vielen kleinen Jobs – befristeten Arbeitsverträgen, Projektarbeit – über Wasser halten. Dann gibt es noch eine Menge an Schulabbrechern von mittleren und höheren Schulen und die Situation von Lehrlingen. Da ist – aufs Ganze gesehen – nicht viel Spaß dabei. Andererseits möchten Jugendliche quer durch alle Bildungsschichten und Milieus natürlich gerne das Leben genießen – so wie auch Erwachsene –, aber das geht halt nur, wenn die Sicherung der ökonomischen Grundlagen und die Bewältigung der alltäglichen Herausforderungen in Schule, Arbeit, Freundeskreis, Familie etc. einigermaßen gelingen.

Wie beginnt, wie endet eine Spaßgesellschaft? Zum Beginn gehört sicher Wohlstand, Sicherheit, viel Freizeit …

Ich glaube dieser tägliche Existenzkampf ist eher hinderlich für das Entstehen einer Spaßgesellschaft, von daher sehe ich es eher als ein Phänomen der Mittel- und Oberschicht. Materielle Sicherheit und viel Freizeit sind wichtige Voraussetzungen. Denken wir an die sogenannten Fun-Sports: Viele dieser Sportarten erfordern ein teures Equipment. Wer kann sich das leisten? Die Mehrheit der Jugendlichen sicherlich nicht. Wenn, dann sind es privilegierte junge Menschen der Oberschicht oder juvenile Alte, die wirklich viel Geld haben.

Zur Spaßgesellschaft werden auch manche heutige Maturareisen mit Dauer-Party-Charakter gezählt, Monster-Events mit Tausenden jungen Leuten, die die Nächte durchfeiern. Als jüngst darüber eine Reportage in einer Tageszeitung erschien (Der Standard, 30. 06. 2004), stand daneben ein Artikel von zwei Schülern, die zwar auch eine Maturareise machen wollen, denen aber das Feiern unter sich, in der eigenen Klassengemeinschaft, viel wichtiger ist. Da gibt es offenbar unterschiedliche Zugänge von jungen Leuten, was ihnen Spaß oder Freude macht.

Genau. An diesem Beispiel zeigt sich, wie inhomogen die Gruppe der Jugendlichen heute ist. Mädchen und Burschen leben heute in einer Vielzahl von Alltagen in großer Ausdifferenzierung. Es kann deshalb weniger denn je von einer Jugend als einer in sich geschlossenen Gruppe mit gleichen Interessen und Bedürfnissen gesprochen werden. »Jugend« ist vielmehr ein Puzzle aus höchst unterschiedlichen Kulturen, Selbstverständnissen und Ausdrucksformen.

Ich denke schon, daß diese Maturapartys per se wichtig für Jugendliche sein können. Vielleicht als Ritual eines Übergangs. Das wird dann ein exzessiver Event, wo Mädchen und Burschen »bis zum Umfallen« feiern – aber das macht noch keine Spaßgesellschaft, denn nach dieser Party wartet wieder der Ernst des Lebens, sprich Entscheidung über den weiteren Berufs- oder Studienweg, über die Gestaltung von Beziehungen, über persönliche Zukunftspläne …

Die Frage ist ja heute überhaupt: Wie viel ist medial gesteuert, etwa durch die Werbewirtschaft, daß man einfach Events kreiert und den Leuten erfolgreich einredet: Da mußt du unbedingt dabei sein, bis es viele wirklich glauben. Da verdienen natürlich manche Leute gut daran. Was schätzen Sie, wie viel Prozent da wirklich für solche Botschaften leicht zu gewinnen sind?

Das kann ich beim besten Willen nicht sagen. Ich glaube aber, daß Jugendliche – damit meine ich jetzt Menschen bis zum 25. Lebensjahr – nicht leichter manipulierbar sind als Erwachsene. Das ist eher eine individuelle Frage. Es wird immer Personen geben, die man leichter für etwas begeistern kann und andere nicht. Das ist sicherlich neben dem beworbenen Produkt auch von Faktoren wie Geschlecht, Alter, Bildung, Einkommen etc. abhängig.

Glauben Sie, daß der Gruppendruck in Schulklassen heute größer ist als früher, zum Beispiel, was Mode betrifft?

Was Mode betrifft, ganz sicher. Aber ich glaube, daß die Clique oder »Peer group« für den Heranwachsenden immer schon wichtig war: Es ist eben bedeutsam, wie sich die Freundin oder der Freund kleidet, was sie oder er sich denkt, wie sie oder er sich verhält – das ist natürlich auch prägend. Gerade was Musik, Sprache, Kleidung, Freizeitbeschäftigung betrifft, sind Gleichaltrige wichtig. Entweder will ich dazugehören oder mich davon abgrenzen.

An welchen Kriterien könnte man festmachen, daß der Anteil der Spaßgesellschaft in der Gesamtgesellschaft zunimmt oder steigt?

Man müßte zunächst definieren, was mit »Spaß« tatsächlich gemeint ist. Wir haben z. B. Jugendliche in einer Studie befragt, was sie unter »Spaß« verstehen, und sind auf ein sehr differenziertes Ergebnis gekommen: Es muß etwas Sinn und Freude machen, es müssen die Freunde und Freundinnen dabei sein, manche Jugendliche möchten daraus für sich etwas lernen – auch ehrenamtliches Engagement in Jugendorganisationen kann unter die Kategorie »das macht mir Spaß« fallen. Der Begriff »Spaßgesellschaft« operiert mit einer verkürzten Sichtweise: »Spaß« bedeutet hier offensichtlich schnell Vergängliches, den kurzfristigen Kick im Hier und Jetzt.

Könnte beispielsweise die Zahl der verkauften Feuerwerkskörper zu Silvester ein Indikator für Spaßgesellschaft sein?

Läßt sich Spaß an Feuerwerkskörpern messen? Wenn ich von meiner persönlichen Geschichte ausgehe, dann gab es in meiner Familie nie Feuerwerkskörper – die waren schlichtweg zu teuer. In der Familie meines Mannes wurde zu Silvester selbstverständlich ein Feuerwerk abgeschossen.

Heute sind Feuerwerkskörper für alle erschwinglich geworden, d. h. sie werden auch von allen Gesellschaftsschichten bei Festivitäten unterschiedlicher Art verwendet. Berechtigt dies nun, von einer Spaßgesellschaft zu sprechen?

Nestroy unterscheidet in einem Stücktitel »Das Notwendige und das Überflüssige«. In Richtung Spaßgesellschaft weist offenbar das, was man völlig überflüssig, sozusagen »aus Jux und Tollerei« macht. Aber was fällt da genau darunter?

Da kann ich sofort mit einem Zitat der Frauenbewegung entgegenhalten: »Brot und Rosen«. Zu Beginn des 20. Jahrhunderts demonstrierten amerikanische Textilarbeiterinnen gegen die Hungerlöhne und forderten in Sprechchören Brot und Rosen. Brot ist das Notwendigste, aber es braucht zum Leben mehr als das Notwendigste, sprich: auch die Rosen. Das heißt aber noch lange nicht, daß ich in einer Spaßgesellschaft lebe oder hedonistisch bin, wenn ich mein Recht auf Rosen einfordere.

Manche sagen dann: Für mich soll 's rote Rosen regnen – wie Hildegard Knef. Da ist dann schon ein gewisser Luxusgedanke dabei. Die Frage ist: Wo fängt Luxus an?

Da gibt es tatsächlich einen Zusammenhang. »Spaßgesellschaft« ist offensichtlich eine Folge unserer Wohlstands- und Luxusgesellschaft. Und, das scheint mir auch bedeutsam zu sein, ein Produkt bzw. eine Erfindung der Trendforschung. Der gesellschaftliche Wandel, den wir heute erleben, hat vor allem eine Konsequenz: Allgemeingültige Deutungen von Wirklichkeit sind nur mehr sehr schwer zu treffen. Gleichzeitig ist das Bedürfnis nach Orientierung sehr groß. Gerade auch für Wirtschaft und Politik. Und an diesem Punkt beginnt die Arbeit der Trendforschung: zu beobachten, Daten zu sammeln, zu deuten und Prognosen abzugeben, und zwar möglichst solche, die einleuchtend und leicht nachvollziehbar sind. Das gibt dann schnell einmal verkürzende Etiketten für gesellschaftliche Phänomene, die in der Folge zu einfachen Erklärungen für komplexe Wirklichkeiten werden.

Was die »Spaßgesellschaft« betrifft, denke ich, daß da auch wirtschaftliche Interessen dahinterstehen. Mit »Spaßgesellschaft« läßt sich sicher mehr verdienen, als beispielsweise mit einem Etikett »Arbeitslosengesellschaft«.

Global gesehen ist ja sicher nur ein Fünftel von der Spaßgesellschaft infiziert, der Rest muß um die nackte Existenz ringen. Aber dieses eine Fünftel kann sich – natürlich auch in unterschiedlichem Ausmaß – diverse Vergnügungen gönnen …

Nochmal zu den Begriffen »Spaß« oder »Vergnügen«: Ich war einen Monat in Ghana, das zwar nicht das ärmste afrikanische Land ist, aber dort herrscht doch unvergleichliche Armut. Die Ghanesinnen und Ghanesen sind total freundliche Menschen, die sehr gerne Feste zu allen möglichen Anlässen feiern. Niemand würde dieses Volk deshalb eine Spaßgesellschaft nennen. Ich habe selbst Alltag und Feste in Ghana miterlebt. Wenn ich mir anschaue, wie fröhlich so ein Dorf lebt, wie die Menschen dort ihre Feste feiern, wie Alltag passiert, dann muß ich sagen, da können wir in Österreich sehr viel gewinnen. »Vergnügen« ist in Ghana eine entschleunigte Sache. Kein kurzer Kick, sondern eine Sache, in die man Zeit, Muße investiert. Man muß Spaßgesellschaft auch in Verbindung mit Zeitfaktoren sehen.

Ist das Streben nach Spaß eher typisch für egoistische Menschen oder ist der Spaß nicht größer, wenn man ihn im Kollektiv genießen kann?

Ich glaube, daß das so nicht zu trennen ist. Wahrscheinlich wird es einem sogar in einem sozialen Netz besser gelingen, Spaß zu haben, als alleine für sich. Auch die sogenannte Spaßgesellschaft lebt letztlich davon, daß Menschen in Gruppen agieren. Die hedonistische Variante ist vergleichbar mit einer Bühne und einem einzelnen Helden, umringt von einer Vielzahl von Zuschauenden und Bewunderern.

Also Vergnügen schon in der Gruppe, aber keine Solidarität, wenn es ernst wird.

Ja, das würde ich schon sagen. Es geht ja nicht anders. Der Mensch ist ein Gemeinschaftswesen. Auch Selbstverwirklichung braucht Beziehungen, um ein Echo zu bekommen, ein Feed-back, ein Stück Orientierung, und sei es in der Abgrenzung. Selbstverwirklichung ist heute ein sehr wichtiger Wert, das wissen wir von der Werteforschung, das muß aber nicht automatisch egoistisch laufen. Es gibt noch immer viele Menschen, die Selbstverwirklichung darin finden, sich für andere zu engagieren.

Sind Jünger der Spaßgesellschaft eher Ellbogenmenschen oder solche, die andere auch gern leben lassen?

Wenn Spaß zur Selbstverwirklichung gehört und Selbstverwirklichung egoistisch angelegt ist, dann stimmt dieses Bild. Dann denken wir an Ellbogenmenschen, denen die Mitmenschen im Grunde gleichgültig sind und die das Gemeinwesen ausschließlich unter dem Blickwinkel des persönlichen Nutzens betrachten. Zweifellos gibt es solche Menschen – und ich denke, sie sind unter allen Generationen und in allen gesellschaftlichen Schichten zu finden.

Jedenfalls würde ich hier nicht ausschließlich und in erster Linie an Jugendliche denken, im Gegenteil. So wie ich junge Mädchen und Burschen kenne, halte ich sie nach wie vor für *das* Innovationspotential unserer Gesellschaft: Sie sind mehrheitlich idealistisch, engagiert und solidarisch.

Mag. Ingrid Kromer ist wissenschaftliche Mitarbeiterin am Österreichischen Institut für Jugendforschung in Wien.

Der gute Schmäh als Gottesgnade
Gespräch mit Caritas-Präsident Franz Küberl

*Was gehört zu einer Gesellschaft, die man als Spaßgesellschaft
bezeichnen kann?*

Ich denke, daß da eine Menge positiver Dinge damit verbunden ist: daß sehr viel gelacht wird, daß Menschen ausgelassen
sind, daß man vor allem das tut, was einem Spaß und Freude
macht. Freude wäre sozusagen die katholische Definition von
Spaß. Ob das jetzt Lesen ist oder Kartenspielen oder Berg-
steigen, was immer einem hilft, in seinem Leben Spaß und
Freude zu haben, das würde ich zunächst einmal zu Spaßgesellschaft, in einer hoffentlich guten Weise voreingenommen,
formulieren.

*Manche unterscheiden fein säuberlich: Was ist Freude, was ist
Spaß, was ist Vergnügen, was ist Lust, was ist Zerstreuung? Spaß
wird da eher als Jux und Tollerei, als das Vergnügen am Überflüssigen gesehen …*

Für mich hat Spaß zunächst einmal eine Spur Archaisches
an sich, weil eine bestimmte Form des Lachen-Könnens, des
Ausgelassen-Seins, des Sich-freuen-Könnens etwas ist, das
auch das Leben beeinflußt und eine Rückwirkung auf das
Leben hat. Das sehe ich als etwas Urmenschliches an, wenn
man damit in der Lage ist, auch schwere Fragen des Lebens
einmal hintanzustellen. Wenn ich mir manchmal anschaue,
wie Kinder sich unterhalten, dann würde ich das auch als
urtümliche Formen dessen sehen, was mir zu Spaß auch
wichtig wäre. Mein Zugang zu Spaß – der ist natürlich auch
weltanschaulich geprägt – ist, daß ich sage: Das ist etwas, wo
Gleichwertige, Gleichrangige sich miteinander sehr gründlich
unterhalten. Ich würde das abgrenzen davon, daß man sich

über andere lustig macht – das wäre für mich nicht Spaß. Wobei ich schon weiß, daß der Begriff der Spaßgesellschaft ein Determinieren ist. Es wird dem Spaß eine bestimmte Richtung gegeben und etwas beschrieben, das nicht für das Ganze der Gesellschaft stehen soll und in Wirklichkeit auch nicht kann. Ich halte etwa das Faschingstreiben oder Unterhaltung beim Heurigen oder im familiären Kreis für etwas, das zum Leben dazugehören soll, und ich hoffe, daß möglichst viele Menschen Spaß erleben. Es ist schon klar, daß nicht das ganze Leben aus Spaß bestehen kann, aber ich würde niemandem vorhalten, daß er lustig ist und sich unterhält. Ich bin auch ein bißchen unsicher hinsichtlich der kirchlichen Jahreszeitenpädagogik: Spaß ja, aber eingegrenzt. Ich finde, Fasten und Spaß ist nicht unbedingt etwas, was sich ausschließt. Man kann auch miteinander lachen und sich unterhalten, wenn man keinen Alkohol trinkt und keinen Schweinsbraten ißt.

Beim richtigen Fasten sollte man ja vor allem auf Dinge verzichten, die einem zwar behagen, aber im Grunde nicht guttun.

Die Kirche hat ja gescheiterweise das Fasten neu interpretiert: Fasten soll den Blick auf das eigene Wesen, auf den anderen und auf den Herrgott stärken und soll das, was mich hindert, daß ich wesentlich werde und die anderen und das, was sie brauchen, ernst nehme, und das, was zwischen mir und dem Herrgott liegt, wegräumen. Das würde das Szenarium des Fastens beschreiben.

Aber zurück zum Spaß: Ich halte das, daß Leute sich unterhalten können, daß Leute einen guten Schmäh haben können, daß Leute die Kapazität haben, im Spaß und in der Unterhaltung eine Spur von Ironie mitlaufen zu lassen, für Gottesgnaden, wenn man damit umgehen kann.

Es ist ja unbestritten, daß die Sehnsucht nach unterhaltsamen Dingen zutiefst menschlich ist. Bei der Rede von einer Spaßgesell-

schaft meint man aber doch, daß das überdimensional wird, daß man nur noch von Vergnügen zu Vergnügen eilt und die anderen Menschen und deren Bedürfnisse dabei übersieht. Die Frage ist, ob Spaß etwas ist, das zwangsläufig zum Egoismus führt, weil ich vor allem für mich Spaß haben will, und ob er nicht auf Kosten anderer geht, zum Beispiel beim Fußball, wenn sich die Anhänger der siegreichen Mannschaft über die anderen lustig machen.

Der Spaß kann mehrfach zum Problem werden. Der Kern der Sache ist, wenn man andere als Objekt hernimmt, damit man sich selber unterhalten kann. Das ist für mich eigentlich kein Spaß. Ein Zweites ist, wenn man das, was man als Spaß oder Unterhaltung versteht, nur konsumistisch zu sich nehmen kann. Und das Dritte ist, daß es ja durchaus Strategien gibt, die eine Spaßgesellschaft konstruieren, um Menschen von Problemen abzulenken. Das soll man alles nicht unterschätzen. Ich würde aber eingrenzen. Das eine ist, daß man nicht auf Kosten anderer und auf Kosten von sich selbst und der gesamten Gesellschaft eine Überwucherung von bestimmten Formen machen kann, das wären in Wirklichkeit Entartungen von Spaß und Unterhaltung.

Mein Zugang zu Spaß oder zu einer – auf Wienerisch gesagt – Hetz, wobei ich schon weiß, daß das Wort Hetz gefährlich nahe dem Wort Hetze ist, besteht darin, daß ich finde, daß diese Formen befreiend sein können. Ein guter Schmäh kann etwas aufreißen, kann eine schwierige Situation enttabuisieren und kann helfen, daß man etwas klarer erkennt. Es gibt viele Formen von Spaß, die man miteinander ausüben kann. Ich finde es auch in Ordnung, wenn Fans ihren Spaß daran haben, wenn beim Kicken die eigene Mannschaft gewinnt. Schwierig wird es dort, wo andere abqualifiziert werden und man meint, nur Spaß haben zu können, wenn man andere niederdrückt. Aber das halte ich für Entartungen, grundsätzlich finde ich, daß man dem Spaß mehr Raum geben soll.

Ich weiß schon, wie man sich in der Kirche zu benehmen hat, aber daß bei uns in der Kirche überhaupt nie gelacht wird, daß es kaum einen Anlaß gibt, daß man auch nur schmunzelt, halte ich für etwas bedenklich. Ich denke mir, so ist es mit der Frohen Botschaft nicht. Auch im Betriebs- und Erwerbsleben gibt es eine erstaunliche Ernsthaftigkeit, wo Lachen oder ein Schmäh anscheinend nicht dazugehören. Das halte ich offengestanden auch für bedenklich. Das heißt jetzt nicht das Umgekehrte, daß man in der Kirche oder statt des Arbeitens nur lachen soll. Ich habe den Eindruck, daß man Spaß und Unterhaltung und was einen von der Emotion tiefer anspricht, gerne in bestimmte Koppeln lenken und dort abgesperrt halten will. Dann gibt es halt ein abgeschlossenes Scherzrevier.

Leben wir heute in einer Ära der Spaßgesellschaft? Verdient die heutige Zeit mehr diese Bezeichnung als frühere Epochen?

Da kommen wir zu einer schwierigen politischen Frage, näm- lich zum Problem, daß eine Reihe von Leuten sehr viel zu lachen hat und viele andere sehr wenig zu lachen haben. Das Problem wird noch einmal schärfer, wenn man sich in aller Nüchternheit sowohl die reichen als auch die armen Länder anschaut.

Ist aber bei uns nicht der Prozentsatz derer, die Spaß haben können, heute höher als in früheren Zeiten?

Da bin ich mir nicht so sicher. Soweit mir kulturgeschicht- liche Vorgänge einsichtig sind, hat es in auch unseren Brei- ten eine Unmenge von Bräuchen gegeben, und Bräuche sind ja oft nichts anderes als ritualisierte Formen von Spaß und Unterhaltung. Wir haben heute eine andere, industrialisierte Form von Spaß, das ist der Unterschied. Ich denke an die sogenannten Heischebräuche, die eine Art dörflicher Umver- teilung waren. Die haben schon sehr oft Begegnung, Kon- takt, gemeinsames Singen, Musizieren und Schmähführen beinhaltet.

Daß Menschen Spaß haben und sich unterhalten wollen, das ist sicher in der Menschheit schon grundgelegt. Staatliche und kirchliche Obrigkeiten haben sich immer bemühen müssen, das zu domestizieren, weil sie Angst hatten, daß das ausufern könnte. Man denke daran, daß selbst die Wallfahrten im 17. und 18. Jahrhundert etwas waren, das von der staatlichen Obrigkeit eingeschränkt wurde, weil es ihr zu unterhaltsam war, weil da nicht nur gebetet wurde, sondern weil es dabei auch ein beachtliches Maß an Unterhaltung gegeben hat.

Um noch ein heikles Thema anzuschneiden. Maria Theresia hat meines Wissens ein Edikt erlassen, daß während der kirchlichen Gottesdienste die Gasthäuser geschlossen sein sollten, sie wird dafür schon einen Grund gehabt haben. Daß sich Menschen unterhalten und lachen wollen, das ist sicher ein Ur- und Grundbedürfnis des Menschen. Es darf natürlich nicht den Blick darauf verstellen, was Menschen brauchen, damit sie leben können. Ich war schon sehr viel in anderen Ländern unterwegs. Ich denke, daß auch bei ganz armen Menschen bestimmte Formen der Gastfreundschaft, bestimmte Formen, wie Feste gefeiert werden, diese Freude am Leben zum Ausdruck bringen. Das hat nichts damit zu tun, daß viele dieser Menschen in entsetzlichen Situationen leben, wo es gilt mitzuhelfen, daß diese Situationen sich zum Besseren wenden.

Eine Frage an das Mitglied des ORF-Stiftungsrates: Geht der Spaß bei uns, im Privatfernsehen sicher öfter als im öffentlich-rechtlichen, nicht manchmal zu weit? Wenn Nachrichten als »Infotainment« serviert werden, wenn eine grölende Zuschauerschar verfolgt, wie in Talk-Shows eher unbedarft wirkende Leute anscheinend freiwillig ihr Privat- und Intimleben ausbreiten — kippt da nicht der Spaß oft ins Peinliche?

Vollkommen richtig ist, daß dort, wo auf Kosten anderer Unterhaltung gemacht wird, eine Grenze der Entsetzlichkeit überschritten wird. Ich traue mich auch nicht im vorhinein diese Grenze exakt zu ziehen, das ist schon immer eine Suche. Der schwierigste Punkt dabei ist, daß sich erstaunlich viele Leute zur Verfügung stellen und an sogenannten Spaßformen beteiligen, die sie selbst lächerlich machen. Die Verantwortlichen argumentieren meist: Die wollen das ja selber. Da meine ich trotzdem, daß man manchmal Leute vor sich selber schützen muß. Das ist das eine. Das andere ist, daß man, was Unterhaltung betrifft, beim Fernsehen, aber auch beim Radio und bei Zeitungen einen gewissen Qualitätsmaßstab anlegen können muß: Was ist eine Unterhaltung, die einen gewissen Grad an Pfiffigkeit und Kreativität hat?

Ich glaube, daß es auch Formen der Unterhaltung gibt, die im besten Sinn des Wortes Wissenszubringer sind, zum Beispiel gutes Kabarett. Ein Kabarettist kann auf viele Situationen aufmerksam machen, die man nie richtig bedacht hat. Ich würde ihn trotzdem nicht in die Informationsabteilung geben. Ich denke daran, daß bestimmte Formen von Krimis ein sehr spannendes, neues Unterhaltungsniveau prägen. Da gibt es interessante Wissenseinsprengsel, und wir können ständig etwas dazulernen. Die »Millionen-Show« zum Beispiel kann man als Unterhaltungs- oder als Informationssendung sehen. Für mich stellt sie eine neue Form von Infotainment dar. Das muß nichts Schlechtes sein, der Begriff wird aber dort zu Recht abwertend gebraucht, wenn an der Stelle, wo eigentlich Information angebracht wäre, Billigunterhaltung geboten wird.

Zum Beispiel die Dorfer-Donnerstagabend-Geschichte im ORF ist für mich Satire, durchaus auch knallharte Kritik, und sie zeigt Zusammenhänge, wo man sich sagt: Hoppla, das habe ich noch gar nicht bedacht. Ich gestehe, daß Karl-Moik-Sendungen nicht unbedingt meine Kragenweite sind, aber ich merke, daß es eine ganze Menge Leute gibt, die über eine solche Sendung etwas dazuerfahren. Ich will mich da nicht als Zensor verstehen. Da muß man fair sein, und das habe ich im ORF schon gelernt. Der eigene Geschmack kann nicht Richter über alles sein. Man muß sich anhören, warum andere anderes bevorzugen, und das ergibt dann schon eine Debatte.

Ich weiß, daß es schwierige Formen von Unterhaltung gibt, aber daß wir ständig auch an neuen Dimensionen dran sind. Tageszeitungen gibt es in Österreich seit 300 Jahren, dort ist die einzige Form der Unterhaltung meist die Karikatur, im politischen Teil wird meist alles sehr ernst abgehandelt, und im Lokalteil in den meisten Zeitungen auf eine Weise, wo man sich über Opfer oder bestimmte Arten von Tätern lustig macht. Das ist für mich ein schauriges Faszinosum. Da sind die Bücher besser, etliche Bücher bieten wirklich niveauvolle Unterhaltung. Bei den Zeitungen fehlt mir nach wie vor weitestgehend ein cleverer Zugang zur Unterhaltung.

Gibt es konkrete Beispiele für Sendungen, wo die Grenze eindeutig überschritten wurde? War das zum Beispiel »Der Bachelor«?

Den habe ich offen gestanden gar nicht gesehen, weil mir das gereicht hat, was ich gehört habe. Das ist nicht Unterhaltung, das ist peinlich. Das Peinlichste am »Bachelor« war nicht, daß man das gemacht hat, sondern, daß das weitergesendet wurde, als man schon draufkam, daß das nichts ist. Da hätte man den Mumm haben müssen, aufzuhören und zu sagen: »Aus, das geht nicht.« Wenn man experimentiert und probiert, kann das schon vorkommen, daß etwas nicht paßt. Da müßte das öffentlich-rechtliche Fernsehen gescheiter sein. Es gibt schon Sendungen, wo meiner Meinung nach falsche Geschmacksnerven getroffen werden. Ich selber habe Probleme bei der von mir sehr geschätzten Frau Spira bei »Liebesgeschichten und Heiratssachen«, weil ich für mich empfinde, daß hier Leute – die sicher etwas suchen und eben nach der womöglich siebenten gescheiterten Beziehung noch eine achte eingehen wollen – nicht dargestellt oder präsentiert, sondern vorgeführt werden. Ich weiß schon, daß die das selber wollen und daß das viele Zusehende anders empfinden.

Ich habe bei manchen Formen volkstümlicher Musik das Gefühl, daß das eher Formen volksdümmlicher Musik sind, aber es mag sein, daß ich da aus einer Minderheitenposition das eine oder andere kritisiere. Es gibt eine Menge amerikanischer Nachmittagsserien, die entsetzlich sind, es gibt aber auch andere, die ich für hervorragend halte, zum Beispiel »Tooltime« oder die Kultserie »Die Simpsons«. Zeichentrickserien haben den Vorteil, daß die Scherben – anders als im Leben – sich wieder zusammenfügen. Ich will damit nur andeuten, daß es da völlig unterschiedliche Dinge gibt.

Eine meiner Lieblingsserien ist »Der Bulle von Tölz« ...

Da treffen wir uns. Da ist ja die Kriminalhandlung auch eine Nebenhandlung. Das halte ich für eine sehr gescheite Auflösung dessen, daß Unterhaltung erstaunlich lebensnah sein kann und trotzdem mit Ironie, mit Distanz, mit Satire, mit der Kapazität, daß man sich über sich selbst lustigmachen und sich selbst vom Podest nehmen kann, verbunden ist. Es gibt auch beim ORF eine Menge guter Sachen. Aber wenn man 24 Stunden Programm macht, besteht naturgemäß das Dilemma, daß darunter auch Schrott gezeigt wird. Für mich ist das dann der Fall, wenn es um Sexismus geht – ich meine nicht Sexualität, denn die ist Teil des Lebens – oder um rohe Gewalt, das würde ich nicht mehr als Unterhaltung sehen, und da würde ich auch mit Leuten streiten, ob das ins Programm gehört.

Hat sich das Spendenaufkommen für die Caritas in den Zeiten der Spaßgesellschaft, die ja als egoistisch gilt, verändert?

In unseren Breitengraden ist es so: Weil wir alle so reich sind, glauben die Leute, daß es keine Armen mehr gibt. Und das ist ein falscher Blick. Es gibt auch bei uns noch viele Arme, Gott sei Dank aber weit mehr Reiche. Da ist dann leicht der Eindruck da, daß man ohnehin weniger tun müsse. Das andere

Phänomen hat damit zu tun, daß viele Leute bei uns gar nicht wissen, daß es ihnen sehr gut geht. Ich erkenne Leute, denen es sehr gut geht, daran, daß sie sagen, sie kennen jemanden, dem es noch besser geht als ihnen. Man könnte annehmen, daß sich in einer sehr reichen Gesellschaft das Spendenvolumen noch einmal vervielfacht. Es wäre schon eine Meßlatte, daß Leute, denen es sehr gut geht, die in der Lage sind, über vieles im Leben zu lachen, daß diese Leute auch mehr spüren müßten, daß es anderen nicht so gut geht. Ich erlebe aber so viel an Hilfsbereitschaft, daß ich dem Muster, alles wird schlechter, auch die Spendenbereitschaft, nicht auf der Stelle folgen mag. Ich erlebe auch tolle Situationen und kenne viele Leute, die erstaunlich viel spenden und in der Lage sind, für andere zu beten, für andere Mitgefühl zu haben. Das ist schon auch in großem Ausmaß da, müßte aber, offen gestanden, noch mehr da sein.

Hat es in absoluten Zahlen in den letzten Jahren ein Auf oder Ab gegeben?

Ich würde so sagen: In den regelmäßigen normalen Spenden gibt es eine Stagnation, überall dort, wo etwas Außergewöhnliches passiert (Hochwasser in Österreich, Erdbeben im Iran, Krieg im Irak), ist die Spendenbereitschaft der Leute nach wie vor außerordentlich groß. Deswegen kann ich die Frage nicht so einfach beantworten.

Franz Küberl ist Präsident der Caritas Österreich und als Vertreter der Kirchen Mitglied des ORF-Stiftungsrates,

Sex in der Spassgesellschaft: viel Voyeurismus, wenig Erotik

Gespräch mit der Psychologin Gerti Senger

Neigt die heutige »Spaßgesellschaft«, so diese Bezeichnung zutrifft, zu sexuellen Ausschweifungen? Ist sie sexuell besonders aktiv?

Ich würde sagen: Jein. Faktum ist, daß wir in einer Gesellschaft leben, in der Sexualität sehr trivialisiert ist. Sexualität ist sozusagen immanent. Für Autoreifen wird mit Sexualität geworben, jedes Klopapier wird mit einem nackten Hintern oder Busen beworben. Also Sexualität begegnet uns auf Schritt und Tritt, was nicht unbedingt heißt, das wir alle, die damit konfrontiert sind, erotische Menschen sind. Ich sage das im Zusammenhang mit dem, was der österreichische Philosoph Günther Anders schon vor Jahrzehnten gesagt hat: »Es wird nicht schwer sein, in Zukunft sexuelle Wünsche zu erfüllen, es wird schwer sein, sexuelle Wünsche zu haben.« In diesem Sinn sind wir keine erotische Gesellschaft. In einer Zeit, in der alles so leicht möglich ist, in der es keinen Balkon mehr gibt, wie es ihn noch für Romeo und Julia gegeben hat, ist auch wenig sexuelle Hitze.

Hängt das damit zusammen, daß die heutige Gesellschaft alles rasch haben will und meist auch bekommt, sodaß in vielen Fällen ein Suchen, ein Lieberwerben oder langsames Anbahnen einer Beziehung wegfällt?

Das hängt natürlich auch damit zusammen. Es ist nicht die einzige Antwort, aber auch eine Antwort. Der Mensch, wie es ihn heute gibt, ist in meinen Augen ein sehr flexibler, sehr flüchtiger Charakter. Die Bedeutung von dem, was man unter sexueller Anziehung und unter Sexualität allgemein versteht, hat sich unglaublich verändert. Wir leben in einer Zeit, in der Sexualität moralisch völlig anders bewertet wird. Frauen haben heute zum Beispiel ihre sexuelle Biographie, die haben sie noch in den sechziger Jahren nicht gehabt, da mußten sie sich noch verloben. Die berühmten 68er waren ja nur Randerscheinungen. In Wahrheit hat eine Frau von damals noch nicht die Möglichkeit gehabt, ihre sexuellen Erfahrungen zu machen. Die Pille begann sich auch erst ab 1971 wirklich durchzusetzen.

Hat in Ihren Augen die Pille eine sexuelle Revolution ausgelöst?

Das war sicher ein Sprung in der Geschichte, der da in den siebziger Jahren stattgefunden hat – in dem Moment, wo die Frauen durch die Pille in der Lage waren, Sexualität und Fruchtbarkeit zu entkoppeln, wo das nicht mehr zwangsläufig mit ungewollter Schwangerschaft oder mit sozialer Ächtung verbunden war: »Die kriegt jetzt ein uneheliches Kind« – »Die macht da ihre vorehelichen Erfahrungen, die ist nichts mehr zum Heiraten.« Das war eine große soziale Änderung.

Zum Sex gehörten immer die mögliche Fortpflanzung und damit eine gewisse Verantwortung – sozusagen der Ernst – und die Lust an der Sache – quasi der Spaß. Mit der Pille fiel der Ernst weg, es blieb der Spaß über. Haben wir den jetzt wirklich, den Spaß?

Ich glaube schon. Man darf etwas nicht vergessen. Noch zu Beginn des 20. Jahrhunderts hat man sehr unterschieden zwischen der »trockenen Ehe« und der »frivolen Beziehung«. Die trockene Ehe, das war, wie schon der Ausdruck sagt, ein Bündnis, das man geschlossen hat, um eine Institution für Kinder zu sein, um einander beizustehen. Damit war aber nicht gesagt, daß man miteinander guten Sex hatte, das war auch nicht notwendig. Für die Frauen hat es das sowieso nicht gegeben. 1857 hat der britische Arzt William Acton verkündet, es sei eine Unterstellung, zu behaupten, daß eine anständige Frau sexuell etwas empfindet. Das war von Spaß Lichtjahre entfernt. Natürlich gab es, das war immer so, schichtspezifische Ausnahmen. Die Dienstboten haben eine andere Sexualität gelebt als die gutbürgerliche Gesellschaft.

Inwiefern anders?

Mit weniger Regeln natürlich.

Und dadurch mit mehr Spaß?

Das können wir nur vermuten. Es gibt ja keine Empirie. Das Früheste, auf das man da zurückgreifen kann, war Kinsey. Der hat mit seinen Forschungen 1949 begonnen. Veröffentlicht wurde das erst Mitte der fünfziger Jahre. Aber was war vorher? Van der Velde und alle, die darüber geschrieben haben, konnten ja nicht auf empirische Daten verweisen.

Sehen Sie in dem Zeitraum, der empirisch erfaßt ist, also in den letzten 50 Jahren, bemerkenswerte Veränderungen?

Ja, da hat sich enorm viel verändert. Das Hamburger Institut für Sexualforschung, das eine Sexualambulanz besitzt, hat eine Untersuchung wiederholt, die sie schon Anfang der siebziger Jahre mit 500 Frauen, die an die Ambulanz kamen, gemacht haben, und zwar über eine bestimmte Altersgruppe, die sexuell aktiv ist. Damals hat man angegeben: 67 Prozent der Frauen hatten Orgasmusstörungen, 16 Prozent sagten, sie haben keine Lust. Als die Untersuchung ungefähr 25 Jahre später wiederholt wurde, war es genau umgekehrt: Etwa zwei Drittel sagten, sie hätten keine Lust, rund 16 Prozent klagten, sie hätten keinen Orgasmus. Was heißt das? Damals hat man gesagt: Frauen, die keinen Orgasmus haben, haben eine sexuelle Störung – was ja nicht stimmt. Die haben nur keinen Orgasmus mit ihrem Partner. Sie haben durchaus bei der Selbstbefriedigung einen Orgasmus. Man hat jetzt anders gefragt und daher die bisherigen Ergebnisse in Frage gestellt. Was damals als Störung bezeichnet wurde, ist gar nicht als Störung zu sehen. Das liegt vielleicht an einer schlechten Partnerschaft, an einem falschen Partner. Es heißt eigentlich nur: »So nicht!«

Ist das, was mit Spaßgesellschaft begrifflich einhergeht – keine Verbindlichkeit, kein Eingehen einer Verantwortung –, Ihrer Meinung nach im sexuellen Bereich noch im Zunehmen oder zeichnet sich eine »neue Romantik« ab?

Ich denke, daß die »wilden Jahre«, das war so Anfang der siebziger Jahre, wo es geheißen hat: »Wer zweimal mit demselben pennt, gehört schon zum Establishment«, heute vorbei sind. Damals ist Sexualität ja benutzt worden, um etwas auszudrücken: Unzufriedenheit mit sehr vielen anderen Dingen. Heute braucht man Sexualität ja nicht mehr, um irgendwelche Barrikaden zu stürmen. Egal, in welches Theater man geht, welchen Fernsehsender man aufdreht: Wenn man überall sieht, wie sich die Menschen in allen möglichen Stellungen und Situationen paaren, dann ist das für niemanden mehr bedeutend. Früher konnte man damit noch Freiheitsgedanken ausdrücken, Widerstand gegen die etablierte Gesellschaft, gegen das Bürgertum, gegen gesetzliche Verkrustungen. Da konnte man Sexualität noch dazu benutzen, um einen Nonkonformismus auszudrücken. Heute ist Sexualität dazu gar nicht mehr geeignet.

Ist durch dieses Vorführen von Sexualität auf allen Bühnen und TV-Kanälen auch ein bißchen der Spaß an der Sache verloren gegangen?

Generell kann man das nicht sagen. Aber eine gewisse Abstumpfung und Reizermüdung ist spürbar. Wenn ich in alten Büchern schmökere und sehe, daß da auf zwei Seiten beschrieben wird, wie ein Mann höchst erregt wird, weil eine Dame ihren Knöchel entblößt, dann denke ich mir, das muß schon mit sehr viel Hitze verbunden gewesen sein.

Die Frage ist, ob Abstumpfungen nicht eine Sache immer weniger interessant machen. Wenn ich einen anderen Trieb, den Eßtrieb, andauernd mit den besten Sachen befriedige, dann habe ich die vielleicht eines Tages auch über …

Wenn Sie sich an die Oben-ohne-Mode erinnern, die Rudi Gernreich in den sechziger Jahren propagiert hat, dann werden Sie die heute gar nicht mehr an den Stränden finden, das ist schon wieder im Abklingen. Die Bademode von 2004 war absolut nicht mehr oben ohne. Aber nicht aus moralischen Gründen, sondern weil man einfach gefunden hat, man hat schon genug Busen gesehen. Man beginnt jetzt eher wieder zu verhüllen. Die Mode ist ja ein ganz tolles Sozialbarometer. Man hat genug gesehen, und man hat entdeckt, daß es reizvoller ist, wenn die Phantasie noch ein bißchen mitspielen darf.

Ist unsere Gesellschaft, was besonders ausschweifende Formen von Sexualität anlangt, zum Beispiel: Sadomasochismus, besonders freizügig? Oder hat es das mehr oder weniger immer schon gegeben?

Das hat es immer schon gegeben. Wenn Sie an öffentliche Hinrichtungen oder Auspeitschungen auf dem Marktplatz denken, an Leute, denen wegen Diebstahls Finger abgehackt oder die wegen Betruges in einem eisernen Korb ins Wasser getaucht wurden – in Prag habe ich bei einer Führung gehört, daß das dort noch vor kaum 100 Jahren passiert ist –, und all das unter der begeisterten Teilnahme eines großen Publikums, dann ist da von Voyeurismus bis Sadismus alles drin, was man braucht. Das waren tolle Spektakel. Heute gibt es das so nicht mehr, also wird es privat inszeniert. Es gibt den Sadismus, es gibt den Masochismus – und die schaffen sich ihre Kanäle. In den letzten Jahrzehnten sind diese Strebungen sehr viel öffentlicher geworden. Heute hat ja jeder den Wunsch, sich damit zu outen, in bestimmten Fernsehsendungen damit aufzutreten: Ich bin ein Sadist. Ich bin ein Masochist. Ich bin ein Voyeur. Ich bin ein Exhibitionist. Man will sozusagen von der Öffentlichkeit die Anerkennung bekommen: Nimm mich damit an. Wir leben in einer Geständniskultur. Es wird nicht mehr heimlich gemacht. Ich bin nicht mehr damit zufrieden, wenn ich heimlich wohin gehe und mich auspeitschen lasse. Ich gehe damit in eine Talkshow und zeige, wie ich am Halsbandl herumgeführt werde.

Der Voyeurismus wird ja, wie Sie eingangs gesagt haben, heute in der Werbung ständig bedient. Viele Produkte werden mit Nacktheit beworben. Hat diese kommerzielle Vermarktung von Sexualität, der Umstand, daß man auch von der Wirtschaft ständig damit angebaggert wird, auch etwas an der Einstellung zur Sexualität geändert?

Da bin ich jetzt vielleicht nicht die richtige Ansprechpartnerin. Ich kann nur meinen persönlichen Eindruck dazu sagen. Ich nehme an, daß die Kommerzialisierung und Medialisierung zu so einer Trivialisierung geführt haben, daß sehr viel von dem Zauber und der Kraft verlorengegangen ist. Früher konnte eine Frau auf einen Mann damit Einfluß ausüben, indem sie Sexualität versprochen oder verweigert oder gegeben hat. Heute ist das egal. Heute ist meiner Meinung nach die Beziehung das Wesentliche. Es geht nicht darum, daß ich meinen Trieb befriedige, sondern daß ich es mit dir, mit dem Du, das ich mir ausgesucht habe, erlebe. Heute kann jeder Mann, wenn er will, aus einer Disco jemanden abschleppen, und jede Frau wahrscheinlich auch, wenn sie Sexualität verspricht ohne Aufwand, ohne, daß sich der nochmal mit ihr treffen muß – schnell, unverbindlich, flüchtig wird es nicht schwer sein.

Wieviele Prozent der Bevölkerung machen Ihrer Meinung nach wirklich von diesen Möglichkeiten vollen Gebrauch? Und wieviele gibt es, die das ablehnen und nach altmodischer Art ihrem Partner zumindest ein paar Jahre wirklich treu bleiben wollen?

Das ist phasenspezifisch. Es gibt sicher Phasen im Leben, wo man seine Erfahrungen macht – in der Phase der Singlezeit, die ja nicht ein Leben lang dauert. Dann kommt eine Phase der Bindung, dann kommt nach der Trennung vielleicht wieder eine Phase, wo man wieder als Single lebt und Erfahrungen macht. Tendenziell nimmt natürlich dieser sexuelle Konsum mit den Jahren ab. Heute wird es ein Sechzigjähriger nicht mehr so wild treiben wie damals, als er 23 war, auch wenn er gerade allein ist.

Ist Sexualität heute nicht oft mit Ausbeutung verbunden? Etwa wenn Mädchenhandel aus Osteuropa stattfindet. Und nach Thailand reisende alleinstehende Männer stehen ja leicht im Verdacht, dort nur ihren sexuellen Spaß zu suchen …

Das gibt es sicher – dadurch, daß die Welt so klein geworden ist. Die Flieger nach Thailand haben ja einen eigenen Namen – »Bumsbomber« –, etwa nach Phuket, wo die Mädchen alle sehr hübsch, naiv und willig sind. Und ein wirklich unansehnlicher, dicker, glatzköpfiger, uncharmanter Mann könnte dort mit einem zauberhaften Mädchen zusammensein, das er hier nie hätte erobern können. Das ist auch heute noch so, da hat sich nicht wahnsinnig viel geändert, wie man an der Aidsdurchseuchung festgestellt hat. Die Mädchen sind nach wie vor verfügbar, sind nach wie vor auf das Geld angewiesen und werden nach wie vor schon mit 13 Jahren ausgebeutet.

Meinen Sie, daß wir heute in einer Spaßgesellschaft leben und ein solches Verhalten – zum Beispiel diese Ausbeutung junger Mädchen in Thailand – ein Kennzeichen einer solchen Spaßgesellschaft wäre?

Ich finde den Ausdruck Spaßgesellschaft ziemlich erschütternd, weil er ganz konträr zu meiner Lebenshaltung und Wertehaltung ist. Aber unter einem bestimmten Blickwinkel leben wir in einer Spaßgesellschaft, zu der auch das gehört. Es geht eben alles ganz leicht. Selbst wenn ein Mann zur vorigen Jahrhundertwende das gerne getan hätte, wie wäre denn der hingekommen? Das kostet jetzt wahrscheinlich 300 Euro und ein Restplatz 180 Euro.

Sie finden jedenfalls, daß der Begriff Spaßgesellschaft seine Berechtigung hat?

Ja, ich finde, daß er seine Berechtigung hat. Ich finde allerdings auch, daß die Ehe in ihrer Bedeutung, auch wenn es sehr viel mehr Scheidungen gibt, gewonnen hat. Es gibt weitaus mehr Liebesheiraten als früher. Es gibt nicht mehr so viele andere Motive, sich zu binden. Die Frau ist Gott sei Dank wirtschaftlich unabhängiger geworden. Männer sind auch nicht mehr so darauf angewiesen, in ihrem Alltag versorgt zu werden. Es ist der soziale Stand nicht mehr so wichtig. Heute werden Ehen wirklich primär aus Liebe geschlossen. Was natürlich auch eine Überfrachtung ist. Man kann nicht von einer Verbindung mit der heutigen Lebenserwartung über Jahrzehnte all das bekommen, was man sich erwartet: Leidenschaft, Sexualität, Abwechslung, Sportlichkeit, gesellschaftliches Auftreten, Spaß, Kommunikation. Zum Beispiel Kommunikation: Die Ehepartner von früher haben ja nicht viel und tief miteinander geredet. Die kommunikative Wende war ja erst vor 40, 50 Jahren.

Es gibt ja auch heute noch Leute, die sich bemühen, treu und liebevoll mit einem Partner zu leben, und es gibt andere, die sozusagen von Blümchen zu Blümchen schwirren. Betreibt nicht die Mehrheit auch heute noch zumindest die »serielle Monogamie«?

Die Mehrheit lebt die serielle Monogamie. Nur darf man heute nicht vergessen, daß die Lebenserwartung durchschnittlich schon bei 80 Jahren liegt und das Durchschnittsheiratsalter bei 25. Über 50 Jahre miteinander zu verbringen, das war ja nie vorgesehen. Die Frauen sind früher gestorben, oft am Kindbettfieber, dadurch hat sich automatisch eine neue Frau für den Mann ergeben. Und jetzt tauscht man sozusagen aktiv den einen Partner gegen den anderen aus, weil der Tod nicht mehr zu dem Zeitpunkt eintritt wie früher.

Höhere Lebenserwartung ist also sicher ein Punkt für das Anwachsen der Scheidungszahlen.

Das ist absolut ein Punkt. Ein weiterer ist auch diese wirtschaftliche Freiheit. Natürlich sind Frauen nach wie vor wirtschaftlich abhängiger als Männer. Aber die Mehrheit der Frauen in Österreich ist berufstätig. Eine Scheidung ist nicht das absolute Aus. Und viele sagen natürlich: Bevor ich mir diesen Suffkopf täglich antue oder mir gefallen lasse, daß er neben mir schon sechs Jahre eine Freundin hat, gehe ich. Die Scheidungen werden großteils von Frauen eingereicht.

Obwohl also Ehen zum Unterschied von früher meist Liebesehen sind, erkaltet diese Liebe offenbar im Lauf einer mehr oder minder kurzen Zeit ...

Wenn es das allein ist – die Verliebtheit oder die sexuelle Anziehung, auf der viele Beziehungen anfänglich beruhen –, worauf eine Ehe aufgebaut ist, das ist einfach zuwenig, das ist nach vier Jahren vorbei. Ich habe jetzt erst eine ganz neue Untersuchung von der Akademie der Wissenschaften, Abteilung für Demographie, gelesen: Im vierten Jahr liegt der Gipfel der Scheidungen, und das ist in 60 Kulturen so. Das geht zurück in der Evolutionsgeschichte: Man nimmt an, daß die Paare der Urhorde nach vier Jahren auseinandergegangen sind, denn das war das Alter, in dem das Kind sich bereits irgendeiner anderen Gruppe anschließen konnte. Und heute ist nach wie vor die Scheidungsspitze im vierten Jahr. Und das ist genau die Zeitspanne, wo dieser hormonelle Ausnahmezustand zu Ende geht. Man ist ja in der Verliebtheit in einem sexuellen Ausnahmezustand. Da gibt es dieses Verliebtheitshormon, das PHEA, das beginnt nach zwei Jahren abzuklingen, und nach vier Jahren ist es wieder normal. Wenn sich dann zeigt: Unsere Beziehung war in erster Linie auf Verliebtheit aufgebaut und hat sozusagen den Reifeprozeß zur Liebe, die ja weit mehr ist als Verliebtheit, nicht geschafft, dann ist heute eben die Scheidung möglich. Früher war sie nicht möglich.

Wie schaffen es dann manche doch, 20, 30 oder 40 Jahre verheiratet zu bleiben?

Da gibt es drei Möglichkeiten. Das eine ist, wirklich zu wachsen, persönlich und miteinander. Denn es geht gar nicht anders. Es wäre ja schandbar, wenn man mit 60 derselbe Mensch ist wie mit 24. Dieser Wachstumsprozeß ist etwas sehr Gutes und ist auch notwendig, um mit dem Älterwerden, mit der Endlichkeit und mit dem Alltag fertigzuwerden. Entweder man bewältigt das gemeinsam und synchron, denn wenn das nicht synchron ist, geht man auch auseinander. Manchmal wird die Frau reifer, weil sie die Kinder versorgen muß und stillt und arbeitet, und der Mann ist nach wie vor wie ein Single unterwegs und wird erst dann mit 55 erwachsen. Dieser Wachstumsprozeß sollte also möglichst synchron verlaufen, dann bleibt man zusammen. Man bleibt auch nach wie vor oft aus wirtschaftlicher Abhängigkeit zusammen. Manche Frauen würden ja durch eine Trennung in die soziale Armut stürzen. Und man bleibt zusammen aus psychischer Abhängigkeit, aus Angst vor dem Alleinsein.

Es gibt also schon noch die dauerhafte Liebesbeziehung?

148

Ja, schon, obwohl das natürlich keine lineare Aufwärtsentwicklung ist. Wenn man weiß, daß ein Paar 50 Jahre beisammen ist, dann gibt es natürlich Einbrüche und Durststrekken.

Glauben sie, daß die Spaßgesellschaft den Zenit bereits überschritten hat? Wird im Bereich der Sexualität vielleicht weniger als noch vor ein paar Jahren die pure Lust gesucht, und sind Werte wie Liebe und Treue wieder interessanter geworden?

Also ein Wertewandel zeichnet sich schon seit einigen Jahren ab. Den würde ich auch bestätigen. Andererseits ist es nicht so ein lineares Geschehen, es ist schon sehr komplex. Aber in meinen Augen ist die Spaßgesellschaft noch nicht am Ende. Es etablieren sich nach wie vor völlig neue Berufe: Eventmanager, Animateur, Freizeitpädagoge. Das sind alles Hinweise darauf, daß da ein enormer Bedarf nach »Spaß« besteht. Insofern glaube ich nicht, daß die Spaßgesellschaft ihren Zenit überschritten hat, Es ist auch nicht unverträglich, ich glaube, es besteht beides nebeneinander: Daß einerseits die Jüngeren ein ausgeprägtes Bedürfnis nach Spaß haben und andererseits die, die draufgekommen sind, wie hohl und oberflächlich und flüchtig das ist, sehr wohl anderes zu schätzen wissen: Beständigkeit, Sicherheit, Verantwortung, Verläßlichkeit, Geborgenheit. Ich glaube, es besteht beides nebeneinander. Die Möglichkeiten, mit der Spaßgesellschaft aufzufallen und von sich reden zu machen, sind nach wie vor sehr groß.

Wie bewerten Sie es in diesem Zusammenhang, daß in der Öffentlichkeit mit der Spaßgesellschaft vor allem Events wie die Love Parade oder die Christopher Street Day Parade verbunden werden, wo sehr freizügige Sexualität propagiert wird?

Da wird auch Sexualität benützt, um gegen etwas zu protestieren, nämlich dagegen zu protestieren, daß Homosexuelle noch nicht überall heiraten dürfen, noch nicht überall Kinder adoptieren dürfen, noch immer nicht so gleichgestellt sind in der gesellschaftlichen Akzeptanz wie andere. Das ist in meinen Augen nach wie vor ein Stilmittel.

Und Sie meinen, das wird verschwinden, falls es zur totalen Akzeptanz in diesen Fragen kommt?

Das denke ich mir, ja. Es wird nur nie die totale Akzeptanz sein, weil die diesbezüglichen Ängste doch zu groß sind. Da ist doch die Angst vor dem Anderssein, die Angst davor, daß jemand anders denkt, empfindet und handelt als ich. Das wird immer eine gewisse Spannung schaffen.

Stichwort Angst. Teilen Sie die Meinung mancher, daß heute Probleme gern verdrängt werden und daß die Spaßgesellschaft im Grunde eine Angstgesellschaft ist?

Ich glaube, wir sind nicht nur jetzt eine Angstgesellschaft, wir sind eine Angstgesellschaft, seit wir Gott verloren haben. Ich vermute, der mittelalterliche Mensch fügte sich in eine Allmacht, und in der hat er sich geborgen gefühlt. Als dieses Gottesbild gestürzt wurde, hat das eine unheimliche Ohnmacht ausgelöst. Denn jetzt ist sozusagen der einzelne für sich selber verantwortlich gewesen und hat nicht gewußt, was mit ihm geschieht und wie das Schicksal mit ihm umgeht. Von da an glaube ich sind die Ängste entstanden, und das dauert jetzt schon ein paar hundert Jahre.

Dr. Gerti Senger ist Psychotherapeutin, Klinische Psychologin und IMAGO-Therapeutin in Wien.

Die Schauplätze der
»Versäumnisgesellschaft«
Das Eintauchen in Events, in Schein- und Erlebniswelten

Es liegt in der Natur der Sache, daß man umso mehr verschiedene Antworten bekommt, je mehr Menschen man mit den gleichen Fragen konfrontiert: Was sind Kriterien einer Spaßgesellschaft? Leben wir heute in einer Spaßgesellschaft oder mit einer Spaßgesellschaft? Wenn ja, hat sie ihren Zenit schon überschritten? Daß zumindest ein Teil unserer Zeitgenossen – und natürlich auch Zeitgenossinnen – mehr oder minder stark von der Jagd nach »Jux und Tollerei« angesteckt ist, wird kaum bestritten. Ob man mit Spaßgesellschaft wirklich die Gesamtgesellschaft in den Industrieländern charakterisieren kann, darüber gehen die Meinungen weit auseinander. Mehr Zustimmung als allgemeines Phänomen unserer Zeit findet der auch in der Wissenschaft schon besser erforschte und definierte Begriff »Erlebnisgesellschaft«.

Gerhard Schulze, Professor für Methoden der empirischen Sozialforschung an der Universität Bamberg, hat dazu das umfassende Buch »Die Erlebnisgesellschaft« veröffentlicht. Er führt darin breit aus, daß der moderne Mensch vor allem etwas erleben will. Schulze betont – und gleiches gilt sicher auch für die Spaßgesellschaft –, daß er Erlebnisgesellschaft und Gesellschaft nicht als identisch ansieht, daß aber in seinen Augen die heutige Gesellschaft deutlich mehr als andere Gesellschaften diese Bezeichnung verdient.

Von einer flächendeckenden Erlebnisgesellschaft kann nämlich noch nicht die Rede sein. Im Jahr 2000 schrieb der deutsche Freizeitforscher Horst W. Opaschowski, Autor des einschlägigen Buches »Kathedralen des 21. Jahrhunderts«, in einem Aufsatz »Jugend im Zeitalter der Eventkultur« (Politik und Zeitgeschichte B12/2000) über Deutschland: »Zwei Drittel der Bevölkerung (63 Prozent) sind noch nie in einem Erlebnispark gewesen, und 81 Prozent kennen Open-air-Events nur vom Hörensagen oder vom Fernsehen. Größer als die Gefahr, sich im Postmanschen Sinne ›zu Tode zu amüsieren‹, ist in Deutschland immer noch das Risiko, arbeitslos oder arm zu werden und von den Möglichkeiten der weitgehend kommerzialisierten Eventkultur ausgeschlossen zu werden.« Doch die Entwicklung schreitet voran: 2003 meldete die Deutsche Presseagentur, daß bereits fast die Hälfte der deutschen Bevölkerung einen Freizeitpark von innen kenne.

Die erste Erlebniswelt entstand 1923 für den amerikanischen Bibelfilm »Die zehn Gebote«. In die damals als Filmkulisse in Hollywood errichtete altägyptische Stadt Karnak strömten seither mehr Besucher als in die echte Tempelstadt in Ägypten. In Paris hat Eurodisney als Touristenmagnet längst den klassischen Sehenswürdigkeiten Notre Dame und Louvre den Rang abgelaufen. Kein Wunder, daß die Inszenierung von Scheinwelten boomt, was Opaschowski so kommentiert: »Eine neue Generation wächst heran, die mit postmodernen Schein- und Erlebniswelten zu leben weiß wie z. B. Festzügen und Tausendjahrfeiern, Weihnachts- und Krämermärkten, Themenrestaurants und Freizeitparks, Showprogrammen und Shopping Malls, Freilichtmuseen und Weltausstellungen. Die Inszenierung solcher Scheinwelten gehört zum Alltag des 21. Jahrhunderts.«

Wohlstand, Freizeit und ein reichhaltiges Angebot der Unterhaltungsindustrie bieten heute alle Voraussetzungen, um Monotonie und Langeweile zu vertreiben. In der Erlebnisorientierung sieht Schulze die unmittelbarste Form der Suche nach Glück: »Man investiert Geld, Zeit, Aktivität und erwartet fast im selben Moment den Gegenwert.« Demgegenüber steht die momentan weniger populäre Bereitschaft zu aufgeschobener Befriedigung, die sich im Sparen, im langfristigen Liebeswerben, im harten sportlichen Training oder im zähen politischen Ringen um staatliche Maßnahmen äußert.

Wo und wie der Mensch seine Erlebnisse sucht, ist sehr verschieden, und keineswegs alles auf diesem Gebiet fällt auch automatisch unter Spaß. Eines stellt Schulze klar: »Erlebnisse werden nicht vom Subjekt empfangen, sondern von ihm gemacht. Was von außen kommt, wird erst durch Verarbeitung zum Erlebnis.« Erlebnisorientierung richte sich auf das Schöne, aber das sei für jeden etwas anderes: »Das Schöne kommt nicht von außen auf das Subjekt zu, sondern wird vom Subjekt in Gegenstände und Situationen hineingelegt. Die Wohnung zu putzen oder das Auto zu reparieren unterscheidet sich in der Möglichkeit des Schönseins nicht von Loire-Schlößchen, Bergkristallen und Rilke-Sonetten.«

Die Suche nach Erlebnissen erfolgt mit sehr unterschiedlichem Aufwand, für die einen ist es geradezu eine Jagd mit hohem Einsatz an Aktivität, andere finden in einer genußvollen Muße – beim Lesen eines Buches oder Anschauen eines Films – zu einem nachhaltigen Erlebnis.

Mit dem Begriff Spaß wird eher das oberflächliche, sehr rasch von neuen kurzfristigen Erfahrungen verdrängte Erlebnis verbunden. So ist auch der Begriff »Die McGesellschaft«, den der Grazer Soziologe Manfred Prisching für ein 1998 erschienenes Buch wählte, treffend ausgesucht. Wir leben nämlich in der an sich paradoxen Situation, daß einander alle Events und Veranstaltungen überbieten, um Mega-Ereignisse zu sein, daß aber die Konsumenten nur noch Happchen von der Vielzahl des Gebotenen aufnehmen können und wollen. Sie wollen mobil und ungebunden sein, und das gilt dann nicht nur fürs Vergnügen, sondern auch sonst. Familie, Bildungseinrichtung oder Arbeitsplatz sind zunehmend nicht mehr in eine nachhaltige Lebensperspektive, sondern in Lebensabschnitte eingebettet. Immer mehr wird üblich, daß man bald da und bald dort schnuppert, sich bisweilen auf eine neue Beziehung einläßt – folgerichtig spricht man vom »Lebensabschnittspartner« –, des öfteren eine weitere Ausbildung macht und sich immer wieder beruflich neu orientiert.

Zugleich wächst das Bestreben, die Schauplätze der Erlebnisgesellschaft – oft, aber nicht immer identisch mit den Tempeln der Spaßgesellschaft – näher kennenzulernen: Freizeitparks, Kinos, Kneipen, Festzelte, Sportstadien, aber auch Arenen für eigene Risikoaktionen, Tanzlokale und sonstige Vergnügungsetablissements aller Art, Reisedestinationen, aber auch virtuelle Orte für Cyberspace-Abenteuer. Während manchen das Erlebnis in den eigenen vier Wänden genügt – ein spannendes Buch, ein interessantes TV-Programm oder dem eigenen Geschmack entsprechende Musikberieselung –, drängt es andere zu großen Events, seien es Popkonzerte, Clubbings oder Sportveranstaltungen. Und manche streben überhaupt in die weite Ferne – die Palette reicht vom Abenteuerurlaub in unwirtlichen Wüsten oder Gebirgen, in gefährlichen Dschungel- oder Eisregionen, bis zum neuen Massentourismus in bisher exotische Länder. Viele möchten an jenen Reisezielen der Erlebnisgesellschaft gewesen sein, die man heutzutage – so hämmern es einem Tourismuswerbung, bestimmte Massenmedien, aber eventuell auch Nachbarn und Freunde ein – einfach besucht haben muß: Was, Sie waren noch nicht in Thailand, China oder Kuba, nicht einmal in Ibiza? Sie haben Kinder und kennen weder Disneyland noch Disneyworld oder wenigstens Eurodisney?

Für jene, die mit aller Intensität in die Erlebnisgesellschaft einsteigen, kann die Vielzahl an Möglichkeiten zur Belastung werden. Ständig werden einem Entscheidungen abgefordert: Gehe ich in diesen oder jenen Film? Besuche ich das eine oder das andere Lokal? Fahre ich dahin oder dorthin auf Urlaub? Und schließlich: Nehme ich diesen oder einen anderen Partner? Wer seine Wahl getroffen hat, mußte auf etwas anderes verzichten und hat – so glaubt er jedenfalls – möglicherweise das Bessere versäumt.

Manfred Prisching verbindet darum die Erlebnisgesellschaft vor allem mit dem Wort Streß: »Die Möglichkeiten explodieren, das Zeitbudget ist eine unbarmherzige Begrenzung. Es gibt immer mehr, was man versäumt, weil es immer mehr Optionen gibt. Der Prozentsatz von dem, was man erleben kann, schrumpft. Man muß sich immer mehr versagen von dem, was angeboten wird. Jede Entscheidung für das eine, bedeutet schon den Verzicht auf so vieles andere. Man versäumt, versäumt, versäumt. Die Erlebnisgesellschaft ist eine Versäumnisgesellschaft.«

Diese Situation reizt dazu, möglichst bald das mutmaßlich Versäumte nachzuholen. Also hütet man sich vor langfristig wirksamen Entscheidungen und probiert bei nächster Gelegenheit eine andere Variante aus – ein anderes Lokal, ein anderes Urlaubsziel, einen anderen Partner. Auf diese Weise lernt der moderne Mensch vieles kennen, aber in der Regel nur oberflächlich: viele Filme, viele Lokale, viele Länder, viele Menschen. Er kann behaupten, daß er viel von der Welt gesehen hat, aber ob er echte Beziehungen zu Ländern oder Personen entwickelt hat, ist eine andere Frage. Natürlich ist die Erlebnisgesellschaft – wie auch die Spaßgesellschaft – nicht auf eine Altersgruppe beschränkt. Die häufig abwehrende Haltung von Jugendforschern gegenüber dem Begriff Spaßgesellschaft erklärt sich daher, daß sie ihn nicht allein auf die Jugend bezogen wissen wollen.

Daß etliche Angebote der Erlebnisgesellschaft vor allem der Jugend gelten und auch vorrangig von ihr konsumiert werden, ist unbestreitbar, aber nur ein Teil der Wirklichkeit. Schulze unterscheidet eine Reihe verschiedener Zugänge zum Erlebnismarkt. Wer dem »Hochkulturschema« angehört, ist »antibarbarisch«, sucht Kontemplation und Perfektion und interessiert sich zum Beispiel für klassische Musik, Museen und hochgeistige Literatur. Zum »Trivialschema« zählen jene, die »antiexzentrisch« Gemütlichkeit und Harmonie anpeilen und sich an deutschen Schlagern, Volksmusik und Arztromanen erfreuen. Das mutmaßlich eher der jüngeren Generation gemäße »Spannungsschema« vereint jene, die »antikonventionell« in Action und Narzißmus Behagen finden und Rockmusik, Thriller und den Besuch von Kneipen, Discos und Kinos bevorzugen.

Zur Erlebnisgesellschaft gehören sie alle. Auch elitären Museumsbesuchern bietet man heutzutage Events an, beispielsweise neben der Eintrittskarte eine Sonderführung und dazu ein erlesenes Menü. Den regelmäßigen Gästen von

Zeltfesten hat 1992 der Film »Das Fest des Huhnes« ein satirisches Denkmal gesetzt. Er beleuchtete aus der Perspektive eines afrikanischen Ethnologen die Sitten und Gebräuche in Oberösterreich, wo zahlreiche Eingeborene sich Woche für Woche dem gemeinsamen Genuß von Bier und Brathuhn hingeben. Die zwischen Kinos, Discos, »Szenelokalen« und Partys umhereilenden Jungen machen allein weder die Spaß- noch die Erlebnisgesellschaft aus.

Die Geschmäcker sind natürlich sehr verschieden. Der eine mag von einem klassischen Konzert oder Theaterabend hingerissen sein, ein anderer schläft dabei ein. Was manchen schon in Gedanken den Magen umdreht – zum Beispiel Loopingbahnen in Vergnügungsparks –, bereitet anderen den erwünschten Kick. Während die einen ihrem »Erlebnis« mit Drogenkonsum – ob Alkohol, Nikotin oder diverse illegale Drogen – nachhelfen müssen, haben das andere nicht im geringsten nötig.

Schulze hat in seiner »Erlebnisgesellschaft« fünf Milieus mit unterschiedlichen Einstellungen aufgelistet. Von den beiden jüngeren Milieus zählen die höher Gebildeten zum Selbstverwirklichungsmilieu, die anderen zum Unterhaltungsmilieu. Selbst wenn sich Personen dieser Milieus im Publikum eines Lokals mischen, kommunizieren sie kaum miteinander. Bei der älteren Generation unterscheidet Schulze je nach Bildung das Integrationsmilieu (mittlere Bildung), das Harmoniemilieu (niedrige Bildung) und das Niveaumilieu (hohe Bildung), das besonders viel Kontakt zur Hochkultur hat. Interessant ist, daß Partnerbeziehungen zu zumindest zwei Drittel innerhalb der einzelnen Milieus ablaufen. Die Kluft zwischen den einzelnen Milieus ist laut Schulze sehr groß: »Gefangen in subjektiven Welten mittlerer Reichweite, stehen soziale Milieus in einer Beziehung gegenseitigen Nichtverstehens – nicht bloß des oberflächlichen, durch Wahrnehmungsverzerrungen verursachten Irrtums, sondern des fundamentalen Nichtbegreifens.«

Schulze ortet in der Gegenwartsgesellschaft eine großflächige Heterogenität des Wissens. Das kann jeder nachvollziehen, der eine Quizsendung im Fernsehen verfolgt. Oft sieht man den Kandidaten sofort an, bei welcher Fragenkategorie sie aussteigen werden, die einen bei Fragen zur Hochkultur, Geschichte oder Religion, die anderen, wenn nach Popmusik, Film oder Mode gefragt wird. Für Schulze prallen in den von ihm ermittelten Milieus völlig unterschiedliche Lebenskonzepte aufeinander. Das Niveaumilieu wertet die Leute im Unterhaltungsmilieu als »Primitive« und erntet von diesem postwendend die Beurteilung »Eingebildete«. Das Selbstverwirklichungsmilieu sieht im Harmoniemilieu »Spießer« und bekommt dafür die Sammelbezeichnung »Ruhestörer« verpaßt. Die älteren Milieus stehen für Ordnung, die jüngeren für Spontaneität, die gebildeten Milieus stehen für Komplexität, die weniger gebildeten für Einfachheit.

Zu welchem Milieu man auch gehören mag, alle sind auf der Suche nach Erlebnissen. Faktum ist, daß die Freizeit für viele keine Freizeit im Sinn kreativer Tätigkeiten mehr ist. Sie ist verplant für den Konsum von Erlebnisangeboten, die auf der Kreativität anderer beruhen – ob sich dann wirklich ein echtes Erlebnis einstellt, ist natürlich nicht sicher. Darauf kommt es auch den Managern des Erlebnismarktes nicht an, ihnen ist wichtig, daß wir sofort wieder Appetit auf ihre Angebote haben. Gerhard Schulze hat die Situation auf den Punkt gebracht: »Die Befürchtung entgangener Lebensfreude ist eine unerschöpfliche Ressource des Erlebnismarktes. Der Unersättlichkeit der Nachfrager entspricht die Unermüdlichkeit der Anbieter.«

No risk, no fun?
Als ob die Welt nicht gefährlich genug wäre

»Der Nervenkitzel am Gummiseil: Mit einem Selbstauslöser fotografiert sich Ferdinand Ostrop während seines Bungee-Sprungs von der 150 Meter hohen Plattform des Dortmunder Fernsehturmes.« Das Foto prangt im Internet und illustriert den Slogan »No risk, no fun«, demzufolge man Spaß nur durch Risiko gewinnen kann. Österreichs bekanntester Bungee-Jumper ist übrigens der langjährige FPÖ-Obmann und Kärntner Landeshauptmann Jörg Haider. In Deutschland sorgte der umstrittene FDP-Politiker Jürgen Möllemann als Fallschirmspringer für Aufsehen, er fand schließlich bei einem Absprung den Tod. Ob man sich wirklich so risikofreudige Leute in der Spitzenpolitik wünschen soll? Gehen sie mit der ihnen anvertrauten Macht behutsamer um als mit ihrem Leben und ihrer Gesundheit?

Reinhard Mair hat am Wiener Institut für Sportwissenschaft eine Diplomarbeit mit dem Titel »Extrem- und Risikosport – ein Phänomen unserer Erlebnisgesellschaft?« geschrieben. Er stellt darin mit Bezug auf das umfassende Werk Gerhard Schulzes fest: »Die jetzige gesellschaftliche Situation wird nicht mehr unter den Gesichtspunkten der Knappheit, sondern des Überflusses interpretiert. Die Menschen bringen nun die überwiegende alltägliche Erfahrung mit, nicht zu nehmen, was zu bekommen ist, sondern aus einem reichhaltigen Angebot auswählen zu müssen. Die Werte der Selbstentfaltung, des Erlebens und Genießens stehen im Vordergrund.«

Was für frühere Generationen ein ernstes Problem war, die Sicherung des Überlebens, was die jetzt noch lebende ältere Generation aus dem Krieg und der Nachkriegszeit noch kennt, die Situation von Hunger und Mangel, können Menschen ab ungefähr dem Jahrgang 1960 kaum noch nachempfinden. Mair schreibt. »Für die Jugend von heute ist der

Wohlstand etwas Selbstverständliches. Das Gefühl, auf etwas verzichten zu müssen und sich an den kleinen Dingen des Lebens zu erfreuen, ist fast völlig unbekannt. Kompensationen, die mit Aufregung oder Gefahr verbunden sind, müssen künstlich erzeugt werden. Den Kampf ums Überleben gibt es nicht mehr, und immer mehr Menschen suchen im Sport die Herausforderung.«

Tatsache ist, daß unsere Gesellschaft größtenteils vom früheren Kampf gegen Kälte, Hunger und Armut nicht mehr betroffen ist und darob bei vielen Langeweile auszubrechen droht. Und darum stürzt man sich bereitwillig in alle Formen von Erlebnissen und Abenteuern, riskanten und weniger riskanten. Vor allem die Tourismusbranche trägt mit ihren Angeboten diesem Trend schon Rechnung, wie Mair in seinem Buch schreibt:

»Man macht Urlaub, um etwas ›zu erleben‹, und die Tourismusbranche bietet für jeden etwas an: Safari in Kenia, Paragliding in Nepal, Surfing auf Hawaii, Bungee-Jumping in Backnang werden zum Härtetest, und Urlaub gestaltet sich zum Totalprogramm. Freizeit wird demzufolge zum Erlebniswahn.« Die Reise- und Fitneßindustrie arbeitet heute höchst professionell, um den daran Interessierten »Kicks« jeder Art, und das fast zu jeder Zeit und an fast jedem Ort, zu organisieren.

Neben dem Erlebnistourismus wird bereits der Risikotourismus angeboten: Aufenthalte auf Kampfflugzeugen, in U-Booten, in Übungsmaschinen für Astronauten. Manche Reisegesellschaften sorgen auch schon für konstruierte Unfälle, nach denen Urlauber ihre Überlebensstrategien anwenden können. Auf Reisen in Krisen- und Kriegsgebiete stößt den Reisenden heutzutage unter Umständen auch weit mehr zu, als sich die Abenteuerlustigsten unter ihnen gewünscht haben. Die Geiselnahme westlicher Touristen in Afrika oder Asien kommt immer häufiger vor.

Die Formel »No risk, no fun« suggeriert, daß Risiko ein wesentlicher Bestandteil der Spaßgesellschaft ist – doch diese

Annahme ist ernsthaft zu hinterfragen. Das lustvolle Vergnügen, das heute immer mehr Leute in aufregenden und riskanten Abenteuern suchen, sollte nicht immer gleich mit oberflächlichem Spaß gleichgesetzt werden. Sind Extrem- und Risikosportler wie die Bergsteigerlegende Reinhold Messner oder Kletterkünstler Thomas Bubendorfer wirklich Kinder der Spaßgesellschaft, oder sind es nicht vielmehr ihre unbeholfenen Nachahmer, die Risiken gar nicht abschätzen können?

Echter Spitzensport unterscheidet sich beträchtlich vom passiven Konsumieren des durchschnittlichen Spaßgesellen: Er fordert die ständige Überwindung des inneren Schweinehundes. Sehr viele Extremsportler gehen nicht nach dem Spaßgesellschaft-Denken »Ich will alles und das sofort« vor, sondern wissen, daß sie lange hart trainieren und sich sorgfältig auf ihre Aktionen vorbereiten müssen. Sie suchen natürlich auch das große Erlebnis, aber nicht zu billigen Preisen, sie nehmen zwar Risiken in Kauf, steuern sie aber nicht manisch an. Extremsport und Risikosport sind auch nicht identisch. Laufdistanzen ab dem Marathonlauf (42,195 Kilometer) oder gar der »Ironman«-Triathlon (vier Kilometer Schwimmen, 180 Kilometer Radfahren und ein Marathon) zählen zwar zu den trainingsintensiven Extremsportarten, stehen aber nicht auf der Liste der Risikodisziplinen, die Mair in seinem Buch mit genauen Erklärungen aufgelistet hat: Air-Chair, Air-Diving, Base-Jumping, Bodyflying, Bungee-Jumping, Canyoning, Downhill-Biking, Downhill-Inline-Skating, Extremskifahren, Freeclimbing, Freewheeling, Heli-Biking, Heli-Skiing, House-Running, Hydrospeed, Ice-Diving, Mountainboarding, Paragleiten, Rafting, Scad-Diving oder Rap-Jumping, Skysurfing, Snowbiking, Snowrafting und Wasserfallklettern (Eisklettern). Genaue Definitionen dieser Sportarten enthält der Band »Trend- und Extremsportarten in Österreich« von Christian Baumgartner und Christian Hlavac.

Mair nennt fünf typische Kriterien für Extremsport: »außerordentliche körperliche Strapazen, ungewohnte Körperlagen und -zustände, ungewisser Handlungsausgang, unvorhersehbare Situationsbedingungen, lebensgefährliche Aktionen«. Was echte Extremsportler von Freizeitrisikosportlern unterscheidet: Sie besitzen Erfahrungen von früheren Unternehmungen, die sie im Gegensatz zu Freizeitrisikosportlern einsetzen können, um unvorhergesehene Situationen zu bewältigen. Freizeitrisikosportler sehen oft nicht, daß Extremsportler ihre Fähigkeiten von Anfang an gelernt haben.

Die folgende Aussage des Extrembergsteigers Peter Habeler zeigt die Trennlinie zwischen dem Risikosportler der heutigen Erlebnisgesellschaft und einem Extremsportler: »Wir gingen vom Leichten zum Schweren und dann erst vom Schweren zum Extremen. Ich war schon mit 20 Jahren Ski- und Bergführer und wußte immer, daß der Winter viel gefährlicher als der Sommer ist.« Habeler hat sich sorgfältig auf jede Tour vorbereitet und dabei immer auch die möglichen Schnee- und Wetterverhältnisse in Betracht gezogen: »Natürlich waren wir auch entsprechend aufeinander eingespielt, trainiert, gut ausgerüstet und gesichert. Heute fahren sie mit dem Lift hinauf und gehen unvorbereitet und völlig uninformiert ins freie Gelände.« (Salzburger Nachrichten vom 14. November 2000, Beilage Sport und Spaß im Winter, S. 16)

Was Risikosportler unternehmen, braucht Mut. Wer sich leichtsinnig auf Abenteuer einläßt, für die er nicht ausreichend vorbereitet ist oder die leicht seiner Kontrolle entgleiten können – etwa wenn man sich auf einen abgesperrten Lawinenhang begibt –, zeigt höchstens Übermut. Für das, was die Leute suchen und zum Teil auch finden, gibt es vor allem die Begriffe Thrill oder Kick. Wobei das Streben nach dem »ultimativen Kick« eine Sisyphusarbeit ist, die ständig zu neuen Herausforderungen führt. Für das Gefühl, das einen Könner beim Bewältigen einer ungeheuer schwierigen Aufgabe erfaßt, hat der amerikanische Psychologe Mihalyi Csikszentmihalyi ein schönes neues Wort kreiert: Flow.

Der amerikanische Forscher James Bjork hat mit Kollegen herausgefunden, warum Teenager oft risikofreudiger sind als Erwachsene: Bei Jugendlichen ist das ventrale Striatum, die auch Streifenkörper genannte Gehirnregion, noch nicht voll entwickelt. Darum brauchen sie offenbar wesentlich stärkere Reize, um jenen Kick zu verspüren, der bei Erwachsenen schon früher einsetzt. Weil sie also zunächst wenig spüren, sind Jugendliche bisweilen besonders unvorsichtig oder greifen zu Alkohol und anderen Mitteln, um die Reize zu verstärken. Das Fachmedium »The Journal of Neuroscience« hat die Ergebnisse dieser Studie im Februar 2004 veröffentlicht.

Deutschlands Freizeitexperte Horst W. Opaschowski erlebt die gegenwärtig heranwachsende Generation als »satt, verwöhnt und durch ein halbes Dutzend Polizzen gegen alle Risiken und Wechselkräfte des Lebens weitgehend abgesichert«. Er betont, daß körperliche Bewegung das einfachste Hilfsmittel gegen Langeweile und Erlebnisarmut ist, sie helfe auch gegen Aggression, Gewalt oder Vandalismus: »Langeweile, nicht krimineller Geist steckt hinter vielen jugendlichen Straftaten.« Frust und Langeweile, nicht Lust und Leidenschaft führen meist zu Gewaltaktionen. Insofern kann Risikosport zum nützlichen Ventil werden. Opaschowski diagnostiziert: »Die Jugendlichen haben mehr Angst vor der Langeweile als vor dem Risiko. Und wenn sie bei körperlichen Herausforderungen den ultimativen Kick erleben, haben sie auch den größten Spaß dabei.« Spaß bedeutet: Vergnügen am kalkulierten Risiko. Befragt nach den riskantesten Sportarten, nennen Jugendliche vor allem Bungee-Jumping, Canyoning, River Rafting und Freeclimbing.

Viele suchen den Nervenkitzel keineswegs, indem sie selbst einen Risikosport ausüben, sondern ihnen genügt das Anschauen eines Thrillers im Kino oder im Fernsehen oder das Riskieren von Geld an der Börse, im Casino oder beim Lotto. Manche suchen den Thrill auch im Vergnügungspark: In Mantis, im US-Bundesstaat Ohio, steht jene Achterbahn, die in puncto Größe, Geschwindigkeit und Nervenkitzel alle Rekorde bricht. Trotzdem behauptet ihr Erbauer, Dr. John Roberts, daß eine Fahrt auf seiner extremen Erfindung sicherer ist als ein Ausflug auf einem Fahrrad.

Das spaßhafte Spielen mit der Gefahr ist an sich paradox, wirkt es doch so, als ob unsere Welt, auf der ja auch die durch Ulrich Beck zum Begriff gewordene »Risikogesellschaft« lebt, nicht schon gefährlich genug wäre. Da gibt es jede Menge Massenvernichtungswaffen – atomare, biologische und chemische »Bomben«. Auch die friedliche Nutzung der Kernkraft ist eine Gefahrenquelle. Ferner lauern Krieg und Terror, jederzeit können Umweltkatastrophen wie Überschwemmungen, Ölteppiche, Vulkanausbrüche oder Wirbelstürme hereinbrechen, und außerdem drohen soziale Probleme wie der Verlust des Arbeitsplatzes oder der Gesundheit. Beziehungen oder ganze Familien können in Brüche gehen.

Der Grazer Soziologe Manfred Prisching räumt in seinem Buch von der »McGesellschaft« ein, daß das Wort »Risikogesellschaft« einen »heiklen Nerv getroffen hat«, es sei aber im Grunde ein Irrtum, unsere reiche und sichere Welt als besonders gefährlich einzustufen: »In der Geschichte war das Leben meist gefahrvoller als heute, wenn man die Tötungsraten studiert ... Über die Jahrhunderte hin hat kaum mehr als die Hälfte der Kinder das Erwachsenenalter erreicht: Sie lebten wirklich riskant. Die Erwachsenen mußten jederzeit mit dem Tod rechnen: durch Typhus und Cholera, Pest und Hunger, Krieg, Brand und Mord, und das ist noch nicht lange her.«

Daß sich heute etliche in der Freizeit mehr verausgaben als in der Arbeitszeit, ist eine allgemeine Erfahrung. Es mag durchaus auch die Zahl der Leute steigen, die sich dem Sport, auch dem Risikosport, zuwenden, aber wahrscheinlich werden diese Entwicklungen überschätzt. In Wirklichkeit nehmen, insbesondere im Jugendalter, die Übergewichtigen und Stubenhocker zu. Deren Freizeitaktivitäten zeigen sich häufig nicht im aktiven Sport, sondern im ausgiebigen Essen und Trinken (laut Studien hatte in Österreich jeder zweite Fünfzehnjährige zumindest schon einmal im Leben einen Vollrausch), im Fernsehen, in wenig anstrengenden Spielen, vor allem am Computer, im Voyeurismus, in Gelagen und Partys, im Sehen und Gesehenwerden.

Fazit: Theoretisch ist unsere Gesellschaft mit immensen Risiken behaftet, praktisch suchen sich die Leute aber andere Bereiche, um das Fürchten zu lernen. Und die Risiken, die der durchschnittliche Spaßgeselle eingeht, sind eher Pseudo-Risiken. Die Fahrt mit der an Sicherheit das Fahrrad übertreffenden Achterbahn ist noch kein Zeichen von besonderem Wagemut.

Die übergrosse Liebe zum Grossen Bruder
Eine Medienwelt der Voyeure und Exhibitionisten

»Das, und nur das ist der Inhalt unserer Kultur, die Rapidität, mit der uns die Dummheit in ihren Wirbel zieht.« Was Karl Kraus am Beginn des 20. Jahrhunderts formulierte, war am Ende dieses Jahrhunderts für die Welt der Kultur und der Medien mindestens genauso aktuell.

Den Beweis dafür lieferte im Frühjahr 1996 der angesehene Physiker Alan Sokal. Er veröffentlichte in der amerikanischen wissenschaftlichen Zeitschrift »Social Text« einen Aufsatz mit dem Titel »Grenzüberschreitung: Für eine transformative Hermeneutik der quantitativen Gravität«, mit dem er postmoderne, »politisch korrekte« Ausdrucksformen auf den Arm nahm, was aber die meisten erst begriffen, als Sokal selbst seinen Text als blühenden Unsinn deklarierte.

Von einem rein elitären Standpunkt besteht der Jammer natürlich schon darin, daß wir heute in einer Massenkultur leben, die wesentlich breiteren Bevölkerungsschichten als je zuvor Zugang zur Welt des Wissens, der Kunst und der Medien bietet. Aber selbst wer diese Entwicklung grundsätzlich begrüßt, muß, wenn er ehrlich ist, erkennen und bedauern, um welchen Preis dieser Zugang erkauft wurde. Nicht das allgemeine Bildungsniveau ist gestiegen, die Hochkultur ist auch nicht in einem wünschenswerten und vertretbaren Maß von ihrem Podest herabgestiegen, sondern sie ist geradezu herabgesprungen, um ein neues, aber auf seine Art ebenso abgehobenes Publikum anzusprechen – mit Spaß und Unterhaltung, mit Events und Action, mit Lautstärke und Provokation.

Dabei ist die Frage sekundär, ob zum Beispiel Theaterinszenierungen konventionell ablaufen oder mit starken Verfremdungen durch den Regisseur behaftet sind. Es hat auch Tradition, daß auf der Bühne seitens von Autoren oder Regisseuren kulturkämpferische Töne in die eine oder andere Richtung angeschlagen werden. Die wirkliche Tragödie beginnt dort – und das erlebte man im deutschsprachigen Theater der letzten Jahre gar nicht selten –, wenn Stücke überhaupt nicht mehr erkennbar sind und Aufführungen außer einer Aneinanderreihung von Regiemätzchen keinerlei wirklich in die Tiefe gehende Aussage haben. Wenn in einer Inszenierung von Christoph Schlingensief am Ende zum Töten des österreichischen Bundeskanzlers aufgerufen wird, ist das nur mehr unterste Schublade.

Der deutsche Autor Jürgen Wertheimer bezieht sich in seinem Text »Geklonte Dummheit – Der infantile Menschenpark« (im 2001 von ihm und Peter V. Zima herausgegebenen Buch »Strategien der Verdummung«) »auf Produkte und Tendenzen der sogenannten hohen, ernsthaften, jedenfalls ernstgenommenen Kultur« von heute und übt beispielsweise heftige Kritik an fünf Zeitgeist-Jünglingen, die das Buch »Tristesse Royale« verfaßt haben: »Lord Brummell und Dorian Gray, Wilde und Baudelaire, die Dandys des letzten Jahrhunderts – sie alle waren Originalgenies und Anarchisten, Provokateure und wahrhaft asoziale Glanzlichter im Vergleich zu diesen jämmerlichen Spätbuben und ihrer Entourage.«

Wertheimers Hauptvorwurf an das moderne Bühnengeschehen lautet, daß das Theater sich zu viel an den Techniken der Quotenmachermaschine Fernsehen orientiere: »Mit der Losung ›Gebt auch dem Theater, was des Fernsehens ist‹ werden TV-Techniken imitiert, TV-Typen imitiert, persifliert, parodiert – keiner weiß es, aber man lacht doch immer wieder amüsiert, wenn man auf einer Staatstheaterbühne den Fetzen irgendeiner Serie wiederzuerkennen glaubt oder das Double einer Figur, die man schon auf der Mattscheibe zum Kotzen fand.« Wertheimer kann auch nur noch ein Tabu im Kulturbetrieb wahrnehmen: »Doch, Tabus gibt es, ein einziges, das streng respektiert wird: die Frage danach, was die dargestellten Dinge bedeuten oder bedeuten sollen.«

Und wie agiert man im ständig hinter den Quoten herjagenden Medium Fernsehen, das seit rund zwei Jahrzehnten neben öffentlich-rechtlichen auch private Anbieter betreiben? Was George Orwell noch unter »Big Brother ist watching you« (Der Große Bruder beobachtet dich) als Horrorvision an die Wand malte, die ständige Überwachung der Menschen in ihrer Privatsphäre, ist heute gängige Fernsehunterhaltung, und man reißt sich geradezu darum, dabei mitzumachen. Das Fernsehen ist zum Großen Bruder geworden, den man vielleicht noch heißer liebt, als Orwell das in seinen Befürchtungen angenommen hat.

In ihrem Buch »Mit dem Handy in der Peepshow« hat die Berliner Universitätsdozentin Gertrud Lehnert, habilitierte Literaturwissenschaftlerin, 1999 die »Inszenierung des Privaten im öffentlichen Raum« aufs Korn genommen: »›Big Brother‹ spioniert uns nicht mehr gegen unseren Willen aus, wir holen ihn freiwillig in unsere Wohnzimmer. Der in der letzten Dekade möglich gewordene globale Austausch des Privatesten und Banalsten hat die Intimität selbst endgültig durch die permanente Inszenierung von Intimität ersetzt. Privatheit findet auf der Straße oder im Internet statt, und das Publikum ist allgegenwärtig.« Schließlich wird man fast bei jeder Fahrt mit einem öffentlichen Verkehrsmittel unabsichtlicher Ohrenzeuge von bisweilen recht privaten Mobiltelefongesprächen.

Als Liebkinder der Spaßgesellschaft im TV-Programm gelten nächtliche Blödelsendungen, zeitgeistige Serien à la »Sex and the City«, sogenannte Reality-Programme, vor allem aber Talk-Shows, auf die Gertrud Lehnert Bezug nimmt: »In nachmittäglichen Talk-Shows schwatzen ›Menschen wie du und ich‹ vor einem Millionenpublikum ganz schamlos über ihre intimsten Gefühle und über ihre sexuellen Praktiken und Probleme. Zeitungen und Zeitschriften berichten ausführlich über das offizielle oder heimliche Liebesleben von Prominenten.« Die Affäre zwischen dem ehemaligen US-Präsidenten Bill Clinton und der Praktikantin Monica Lewinsky zeigte beispielhaft, wie die Öffentlichkeit das Recht auf Befriedigung ihrer Neugier einfordert: »Sie will informiert werden – und aufrichtig informiert werden – über das, was der Präsident im Bett und außerhalb seines Bettes tut, und sie richtet ihr politisches Verhalten nach diesen höchst intimen Details.«

Dem entsprechen typische Talk-Show-Themen der deutschen Privatsender SAT.1, RTL und ProSieben von März bis Mai 1998: »Alle Frauen sind käuflich«, »Arme Studenten? – Euch geht 's doch viel zu gut!«, »Beamte sind Schmarotzer und faul«, »Dicke in Dessous – Das will ich sehen!«, »Euch Knackis geht es viel zu gut«, »Fett in Strapsen macht mich an«, »Gute Manieren – Scheiß drauf«, »Ich bin doch nicht verrückt – ich habe Außerirdische gesehen«, »Ich hab' schon mal gelebt«, »Ich hasse Kinder«, »Ich hasse meinen Bruder«, »Ich kann nicht lesen und nicht schreiben, bin ich deshalb dumm?«, »Ich pinkle nur im Stehen«, »Junge Leute taugen nichts«, »Kondome – Nein danke! Ich laß mir doch den Spaß nicht verderben«, »Lieber schön und dumm als schlau und häßlich«, »Mein Busen ist der schönste«, »Mein Nachbar nervte – da hab' ich zugeschlagen«, »Nackte Tatsachen – ich kenne keine Scham«, »Rothaarige – Hexen oder Heilige?«, »Sex ist mein Hobby«, »Vorspiel! – Nein Danke«.

Das moderne Leben kreist, so suggeriert es zumindest die Welt der Privatfernsehkanäle, fast nur noch um das, was der britische Autor Mark Ravenhill mit dem Dramentitel »Shopping and Fucking« auf den Punkt gebracht hat: um Sex und Konsum. Wie Gertrud Lehnert schreibt, entwickelte sich im 19. Jahrhundert zunächst das Warenhaus zu jenem Ort, wo Öffentlichkeit und Privates sich mischten: »Es sind vor allem Frauen, die durch das Überangebot der für alle Sinne inszenierten Waren verführt werden sollen, ja deren Glück im Kaufrausch liegt. Nur im Warenhaus kann eine Frau von Stand ungestraft und unbegleitet flanieren, darf sie ihrer Schaulust frönen und begehren, was sie sieht. Das Warenhaus ist der Ort, an dem sich eine weibliche Sonderform des Flaneurs ausbildet.«

»Big Brother« und das harmlosere österreichische »Taxi Orange« ließen das Leben von Menschen einige Wochen lang vor Kameras ablaufen, spätere Reality-Shows bauten noch die Aufgabe ein, Personen zu umwerben und zu verführen. Für die heutige Spaßgesellschaft sind Voyeurismus und Exhibitionismus so selbstverständlich geworden, daß sie schon wieder uninteressant zu werden beginnen. Wer sich routinemäßig völlig ungeniert entblößt – körperlich oder seelisch oder beides –, verliert rasch an erotischer Ausstrahlung, wer dergleichen immer wieder miterlebt, wird der Sache entweder überdrüssig oder ist geneigt, sich neue – mutmaßlich im Perversen liegende – Kicks zu suchen.

Was sich an Eindringen in Privatsphäre vorstellen läßt, ist von den Medien weitgehend bereits dargestellt worden. Peter Weirs Film »The Truman Show« aus dem Jahr 1998 erzählt die Geschichte eines Mannes, der im Alter von 30 Jahren erfährt, daß er seit seiner Geburt ohne sein Wissen unaufhörlich von versteckten Kameras gefilmt und all das als Fernseh-Reality-Show live 24 Stunden täglich in die gesamten USA ausgestrahlt wurde. Wozu Menschen anscheinend in trauter Zweisamkeit nicht mehr imstande sind – einander eine Liebeserklärung oder einen Heiratsantrag zu machen –, das besorgen sie heute des öfteren in einer Talkshow. Und wenn Leute sich vor Einsamkeit oder Gefahren fürchten, dann setzen sie, wie die Amerikanerin Jane Houston, ihre Wohnung und damit ihr gesamtes Privatleben ständig mit dem Internet verbundenen Kameras aus. Sind die »Webcams« in Betrieb, dann fühlen sie sich überwacht und sicher.

Doch obwohl unser Leben immer mehr vor Publikum abläuft, bedeutet das, so Gertrud Lehnert, keineswegs mehr Sorgfalt im Benehmen, sondern im Gegenteil den berühmten Verfall der guten Sitten: »Denn in den letzten Jahren sind Lässigkeit, ja Schlampigkeit nicht nur in der Kleidung, sondern auch im Benehmen an der Tagesordnung, und kaum jemand findet mehr etwas dabei.«

Es dürfte kaum ein Zufall sein, daß die Entwicklung der Spaßgesellschaft parallel mit der wachsenden Verbreitung von Peepshows verlief. Gertrud Lehnerts Analyse zeigt auf, daß sich auch die Kunst in den letzten Jahrzehnten auf dieses Niveau begeben hat: »In den sechziger Jahren bot Valie Export in einem Pappkarton, den sie sich umgebunden hatte, ihre nackten Brüste den Passanten zur Berührung dar … Annie Sprinkle ging noch weiter; sie forderte in einer ihrer Performances das Publikum auf, in ihre Vagina zu schauen. Damit bot sie allen Augen, die sehen wollten, ihr Inneres dar; machte ihre vermeintlich intimsten Körperteile zu öffentlichen.« Die Frage, wie viel das mit Kunst zu tun hat, darf man heutzutage bekanntlich nicht mehr stellen, weil Kunst – und damit hat sie sich auch selbst zu etwas ganz Alltäglichem entwertet – nur noch dadurch definiert ist, daß sie alle Grenzen überschreitet, also im Grunde begrifflich nicht definierbar ist. Man darf höchstens noch – und sollte es in solchen Fällen auch – die naive Frage stellen, was gute und was schlechte Kunst ist.

Welche »Kunststücke« im Bereich des menschlichen Kopfes möglich sind, enthüllte vor einigen Jahren im Fernsehen die »Guiness-Show der Rekorde«. »Es gibt so freakige Menschen«, staunte dabei der Moderator. Da konnte jemand seine Augen elf Millimeter aus den Höhlen quellen lassen, da zeigte sich, daß man 81 Wäscheklammern in einem Gesicht anbringen kann, da ließ sich eine Kaugummiblase von etwa 55 Zentimeter Durchmesser herstellen und sogar ein Kleinwagen auf dem Kopf tragen. Wem solche Rekorde nützen, weiß wohl nur ein echtes Mitglied der Spaßgesellschaft.

Zwar hält auf ProSieben noch Stefan Raab einigermaßen die Stellung, aber ein wenig scheint der Anteil jener Programme, die sich voll auf Spaß und Skurrilitäten konzentrierten, doch abgenommen zu haben. Von Hermes Phettberg und seiner »Nette Leit Show« redet in Österreich kaum noch jemand. War der bewußte Abgang von Harald Schmidt, der es schaffte, die Spaßgesellschaft anzusprechen und zugleich in Frage zu stellen, nicht ein Signal, daß der Spaß seinen Zenit überschritten hat? Inzwischen hat sich auch noch Arabella Kiesbauer, die mehr als ein Jahrzehnt auf »Pro 7« ohne Tabus talkmasterte, von ihrem

Brötchengeber Richtung ORF verabschiedet. Das Spektrum der Themen war ausgereizt. Ihr Sender plante neue Formate – zum einen das Ersetzen realer Gäste durch Amateurschauspieler, zum anderen eine Sendung namens »Sperm Race«, bei der Männer gegeneinander antreten sollen, um kinderlose Frauen zu schwängern. Auf der Online-Seite des österreichischen Magazins »News« übte Kiesbauer Selbstkritik: »Ich habe sicher mit meiner Talkshow Trash im Fernsehen salonfähig gemacht und den Niedergang des TV-Niveaus eingeleitet. Aber ich habe vieles gemacht, was ich nicht wirklich wollte.« Zu ihrem Wechsel meinte sie: »Ich muß hinter dem Format stehen, das ich repräsentiere. Es gibt eine Untergrenze.«

Die TV-Unterhaltung prägen natürlich auch noch Leute wie »Wetten-daß«-Star Thomas Gottschalk, der keine zentrale Figur der Spaßgesellschaft, aber sicher einer der erfolgreichsten Entertainer ist. Wettschulden sollen ja eher etwas Unangenehmes für den Wettverlierer beinhalten, Gottschalk hat es verstanden, dabei immer wieder eine Show abzuziehen, die seine Popularität noch gesteigert hat. Aber alles hat seine Grenzen: Zwar durfte Christo den Reichstag verhüllen, aber Gottschalk blieb es verwehrt, als Wettschuld eine Rede im Deutschen Bundestag zu halten.

Wer im Fernsehen sonstige seichte Unterhaltung sucht – natürlich findet man dazwischen bisweilen, aber fast nur in öffentlich-rechtlichen Kanälen, auch noch echte Informationssendungen –, hat eine riesige Auswahl, darunter auch jene schrecklichen amerikanischen Serien, die so lustig sind, daß sie das Lachen mitliefern müssen, um das Publikum damit anzustecken. Schon in den achtziger Jahren stellte der Franzose Jean Baudrillard fest, daß das Lachen im nordamerikanischen Fernsehen längst den Chor der antiken Tragödie ersetzt habe. Die sonst Spaßjüngern oft eigene Angst, etwas zu versäumen, ist zumindest, was TV-Filme anlangt, unbegründet: Man kann sicher sein, daß fast jeder Film und jede Serie innerhalb relativ kurzer Zeit auf dem gleichen oder einem anderen Kanal wiederholt werden.

Jene Gruppe, die wahrscheinlich am meisten durch das Fernsehen geprägt wird, sind die Jungen, und um sie macht sich Manfred Prisching in seinem Buch »Die McGesellschaft« auch die größten Sorgen: »Die Unterhaltungsdiktatur in der Juxkultur ist das Erbe für die nachwachsende Generation, für jene Couch potatoes, die mit Öffentlichkeit nichts mehr im Sinn haben. Sie halten es für die Kultur des Abendlandes, denn sie kennen kaum anderes. Bis zur Pubertät wissen die Kinder alles, was es in dieser Gesellschaft zu wissen gibt; sie haben alles gesehen und ›erfahren‹ – denn das Fernsehen ist ihre Erfahrungswelt, und es bietet ›alles‹, was es bieten kann. Erfahren heißt: stimuliert worden sein. Wissen heißt: gesehen haben. Nichts wird sie mehr anfechten. Sie sind elektronisch abgebrüht.«

Der ehemalige ORF-Generalintendant Gerd Bacher ließ 1997 in einem Text für die Zeitschrift »Conturen« die Kritiker seichter und schlechter Fernsehprogramme nicht gerade zuversichtlich in die Zukunft blicken: »Die Hoffnung, daß sich der Schund abnützt, für diese Hoffnung spricht überhaupt nichts aus dem uns bekannten Verlauf der Kultur- und der Wirtschaftsgeschichte. Wir haben es mit einem laufend größeren Anteil von Schund zu tun. Ich bin vom Siegreichen des Schundes überzeugt, solange es nicht eine bewußte aufklärerische Gegenströmung gibt.«

Vom Überfluss zum Überdruss
Der Zwang zur Freiheit als neue Abhängigkeit

Besitzen wir die Dinge – oder sind wir von ihnen besessen? In einer reichen Gesellschaft, die alles hat und auf nichts davon verzichten will, ist diese Frage angebracht. Ist der Überfluß ein Gewässer, auf dem wir im sicheren Boot hinsteuern können, wohin wir wollen, oder drohen wir von ihm mitgerissen zu werden, hilflos in seinen Wellen zu zappeln und womöglich sogar in seinen Fluten zu ertrinken?

Die moderne Spaßgesellschaft kann nur gedeihen, wenn es Überfluß gibt – an finanziellen Mitteln, an verfügbarer Zeit, an Möglichkeiten der Unterhaltung. Ihr höchstes Ziel ist, ständig Vergnügen zu haben, keine Gelegenheit dazu auszulassen. Als wichtige Voraussetzung erscheint ihr dafür die absolute Mobilität und Flexibilität, sie will sich die Chance nicht nehmen lassen, sich von einer Sekunde auf die andere einem neuen Spaß zuzuwenden.

In diesem Sinn halten es Spaßgesellen und Spaßgesellinnen mit Goethes Faust. Ein »Verweile doch, du bist so schön«, ein Eintauchen in einen Augenblick, den man für ewige Zeiten festhalten will, ist für sie keine Option, aber nicht, weil sie wissen, daß ein solches Festhalten gar nicht möglich ist, sondern weil es sie hindern könnte, sofort Ausschau nach dem nächsten Kick zu halten.

Diese ständige Bereitschaft und Fähigkeit, sich auf Neues einzulassen, ist zutiefst menschlich und macht auch das Wesen von Freiheit aus. Daß Freiheit zu den wichtigsten Grundwerten gehört, ist völlig unbestritten. Aber schon die Französische Revolution hat sie nur in einem Atemzug mit Gleichheit und Brüderlichkeit genannt – Freiheit, die sich nicht dort zurücknimmt, wo die Freiheit und die unveräußerlichen Menschenrechte anderer bedroht sind, ist nichts anderes als Rücksichtslosigkeit. Und wer Freiheit als absolute Ungebundenheit versteht, durch nichts und niemanden eingeschränkt, und sich eine solche Freiheit unter allen Umständen bewahren will, ist nicht frei, sondern steht im Grunde total unter Zwang: Nur ja keine Bindung eingehen, nur ja keine Verantwortung übernehmen, mich nur ja nicht auf irgend etwas einlassen, was ich nicht jederzeit problemlos abschütteln kann.

Die Spaßgesellschaft neigt in mehr oder weniger ausgeprägtem Umfang diesem Begriff von Freiheit zu. Sei frei – binde dich nicht in festen Beziehungen! Am September 2004 meldete das deutsche Magazin »Focus«, mit Berufung auf eine Studie von TNS Emnid im Auftrag der Frauenzeitschrift »Young«, daß »73 Prozent der Frauen und 83 Prozent der Männer zwischen 18 und 29 Jahren das Abenteuer für eine Nacht generell in Ordnung« finden: »Jede achte der befragten Frauen hatte mindestens einmal Sex für eine Nacht in den vergangenen zwölf Monaten. Frauen scheinen zudem ehrlicher zu sein als Männer. Sei der One Night Stand zugleich ein Seitensprung, würde das jede zweite Frau ihrem Partner, aber nur jeder dritte Mann seiner Partnerin beichten. Insgesamt wurden 647 Personen befragt.«

Was war doch dieser Friedrich von Hardenberg alias Novalis noch für ein altmodischer Romantiker, als er dichtete: »Wenn alle untreu werden, so bleib ich dir doch treu, daß Dankbarkeit auf Erden nicht ausgestorben sei.« Und wer kann noch etwas mit Antoine de Saint-Exupéry anfangen? Der verbreitete in seinem Buch »Der kleine Prinz« die Ansicht: »Du bist verantwortlich für das, was du dir vertraut gemacht hast.« Wahrscheinlich sagt es mehr als alle Statistiken über den Verbrauch von Genußmitteln oder den Besuch von Events und Vergnügungslokalen über das Wesen der Spaßgesellschaft aus, daß Dauerbeziehungen und das dafür nötige Mindestmaß an Treue in ihr keinen Stellenwert haben. Die Frage ist nur, ob mit dem Niedergang des Wertes Treue in privaten Beziehungen nicht auch automatisch eine Krise von Werten, die für den Zusammenhalt einer ganzen Gesellschaft wesentlich sind, einhergeht? Wem kann man noch vertrauen, auf wessen Loyalität im Ernstfall zählen? Alle Umfragen zeigen, daß vor allem Politikern und Medienleuten nur noch von einer winzigen Minderheit Vertrauen entgegengebracht wird. Aber auch die Glaubwürdigkeit von Vertretern der Kirche, der Exekutive oder der Wissenschaft ist drastisch gesunken. Sind wir um unseren Überfluß zu beneiden, wenn uns immer weniger Menschen umgeben, auf die wir uns auch in schweren Zeiten verlassen können?

Was in den letzten Jahrzehnten an Emanzipation, an Befreiung aus starren Ordnungen und Unterdrückungsmechanismen gelungen ist, soll keinesfalls unterschätzt werden. Es ist aber bezeichnend, daß gerade seitens der berühmten »Achtundsechziger«, die um das Jahr 1968 gegen geistige Enge und spießbürgerliches Establishment agitierten, auch besonders heftige Kritik an der modernen Spaßgesellschaft laut wurde. Denn die Freiheit, die sie meinten, wurde nicht verwirklicht. Für die einen besteht eben Freiheit darin, *von* etwas frei zu sein, und zwar von möglichst vielen Verpflichtungen, das läßt sie jegliches politische Engagement, jede Sorge um das Gemeinwohl vergessen. Sie übersehen, daß man auch *für* etwas frei sein kann und zwar nicht nur für oberflächliche Vergnügungen. Andere wieder haben sich bewußt oder unbewußt, weil sie ihre Freiheit nicht nutzen konnten oder wollten, in neue Abhängigkeiten begeben.

In welchem Ausmaß die Generationen der letzten Jahrzehnte bis hin zur Spaßgesellschaft wirklich frei waren und sind, ist vermutlich in erster Linie eine Glaubensfrage. Unter Umständen sind viele Menschen auch nur gehorsam jedem Trend gefolgt, der als Ausdruck von Freiheit gerade propagiert wurde. Und da sie sich ständig ihrer Freiheit versichern wollten, waren sie ungeheuer dankbar für Hinweise – insbesondere von Meinungsmachern in Medien und Wirtschaft –, was ein freier Mensch so zu tun hat: Sei frei – zeige es in deiner Kleidung! Sei frei – konsumiere! Sei frei – rauche! Sei frei – trinke! Sei frei – nimm Drogen! Sei frei – löse dich von deiner Religion! Sei frei – Ehe und Familie sind nur eine Belastung! Sei frei – hol dir 70 Fernsehprogramme! Sei frei – fliege auf die Malediven!

Der Umgang mit der Freiheit mündete freilich nicht immer in jenem selbstbewußten Individualismus, der als markantes Kennzeichen sozialer Entwicklungen seit den sechziger Jahren des 20. Jahrhunderts gilt. Entspricht echte Selbstbestimmung wirklich dem Geist unserer Zeit? Liegt den Menschen heute nicht eher konformes Dahinkonsumieren in einer Massengesellschaft nahe? Ist die freie Selbstverwirklichung des einzelnen nicht eher ein Werbeslogan einer nur mehr rein ökonomisch denkenden Gesellschaft, weil man eben zehn Singles mehr Waren verkaufen kann als zwei fünfköpfigen Familien, die sich diese Waren teilen? Macht man nicht in unserer so auf Freiheit und Unabhängigkeit bedachten Zeit häufig die Beobachtung, daß sich junge, aber auch schon etwas ältere Leute bereitwillig den gleichen Modetrends unterwerfen – vom freien Nabel bis zum Tattoo oder zum Piercing? Die Neigung zu bestimmten Moden, die Bedeutung gewisser Marken – all das ist ja nichts Neues, im Rückblick auf die achtziger Jahre hat darüber schon Florian Illies in seinem Buch »Generation Golf« erzählt.

Wo zeigt sich dann die individuelle Freiheit, wenn Menschen in ähnlicher Aufmachung im Gänsemarsch in die gleichen Lokale strömen, sich dort alle gleichzeitig ihre Zigaretten anzünden und zum gleichen Getränk greifen, ganz zu schweigen von denen, die total in neue Abhängigkeiten durch harte Drogen oder Sekten geraten?

Dabei wäre es falsch, Drogensucht und Sektenzugehörigkeit direkt mit der Spaßgesellschaft in Verbindung zu bringen. Natürlich spielen regelmäßige Besäufnisse im Leben vieler Spaßjünger eine Rolle, aber bei Drogen halten sie sich eher an solche, von denen man mutmaßlich nicht so leicht süchtig wird. Wie gefährlich moderne Wachhaltedrogen sind, die einen scheinbar mühelos tagelanges Arbeiten oder Feiern durchstehen lassen, wird sich erst weisen. Ob Eltern ihren Kindern etwas Gutes tun, wenn sie ihnen bei jeder Gelegenheit Chemie verabreichen, etwa in besorgniserregend steigendem Maß das angeblich gegen Hyperaktivität wirksame Mittel Ritalin (Methylphenidat/MPD), wird sich erst zeigen. Wer wirklich drogenabhängig oder alkoholkrank wird, ist jedenfalls kein echtes Mitglied der Spaßgesellschaft mehr.

Radikale Sekten sind eher das Komplementärphänomen zur Spaßgesellschaft. Sie haben mit ihr nur gemeinsam, daß sie ebenso eine Flucht aus der Realität darstellen und ebenso sinnlos – aber oft noch viel gefährlicher – ihre Freizeit verbringen. Am 6. Juni 2004 meldete die Wiener Tageszeitung »Die Presse«, daß allein in Italien etwa 650 satanische Sekten aktiv sind; bei »Schwarzen Messen« sollen in den letzten Jahren mehrere junge Leute auf grausamste Weise umgebracht worden sein.

Faktum ist: Die Welt im Überfluß wird immer mehr auch zu einer Welt im Überdruß. In der Spaßgesellschaft bekämpft man den Überdruß wie die Langeweile – durch den Wechsel zu einem anderen Vergnügen beziehungsweise durch eine Veränderung der Dosis. Außerhalb der Spaßgesellschaft bekämpft man die Spaßgesellschaft. Die einen versuchen, durch möglichst häufigen Spaß ihre Probleme zu lösen und ihr Dasein zu bewältigen, die anderen sehen gerade darin, daß so viele nur auf Spaß fixiert sind, das wahre Problem unserer Zeit.

Wir befinden uns jedenfalls auch heute nicht unbedingt in einer Epoche, in der sich alle Leute tatsächlich glücklich und gesund fühlen dürfen. Würden die diversen Medizinartikel so ins Kraut schießen, wenn nicht wirklich die physischen, psychischen und oft auch psychosomatischen Wehwehchen und echten Krankheiten eine gewisse Bedrohung darstellten? Berichten uns die Statistiken nicht von einem Zunehmen der Eßstörungen, der Schlafstörungen, der Beziehungsstörungen? Und wenn einem scheinbar gar nichts fehlt, fühlt man trotzdem das dringende Bedürfnis nach einem Wellneß-Urlaub oder einer kleinen Schönheitsoperation, wie sie einem jeder Privatsender Woche für Woche nahelegt. So gut kann es uns gar nicht gehen, daß wir nicht wüßten, wo wir noch bitteren Mangel leiden.

Der Frust im Überfluß ist nachvollziehbar. Erst zählte das Besitzen statt des Seins, heute das Konsumieren statt des Besitzens. Wer etwas besitzt, verfügt binnen kürzester Zeit schon wieder über das Falsche, weil es inzwischen zum gleichen Preis ein noch moderneres Auto, eine noch bessere Digitalkamera, einen noch leistungsfähigeren Heimcomputer gibt – von der neuesten Mode, der das eben erst gekaufte Kleid nicht mehr entspricht, gar nicht zu reden. Die Unzufriedenheit ist ja der unvermeidliche Motor unseres Daseins, denn schon der britische Autor George Bernard Shaw hat so richtig gesagt: »Glück ein Leben lang! Niemand könnte es ertragen: Es wäre die Hölle auf Erden.« Oder mit den Worten des deutschen Dichters Wilhelm Busch: »Nichts ist schwerer zu ertragen als eine Reihe von guten Tagen.«

Die Überflußgesellschaft gibt sich jedenfalls mit Hingabe dem Überflüssigen und nicht dem Notwendigen hin. Auf das Wenden von Not ist die Spaßgesellschaft natürlich nicht angelegt, darum leiden in ihr auch Mitmenschlichkeit und Hilfsbereitschaft. Sein Geld verschwendet man lieber für Spaß und Luxus und nicht etwa für Spendensammlungen.

»Soziale Motive wie Nächstenliebe und gesellschaftliche Verantwortung haben in den letzten Jahren deutlich an Attraktivität verloren«, hat der deutsche Freizeitforscher Horst W. Opaschowski schon im April 2001 in einem Interview betont und gefordert: »Schafft die Spaßgesellschaft ab! Sonst geht die soziale Lebensqualität in Deutschland verloren.«

Anlaß für Opaschowskis Aussagen war eine Umfrage des von ihm geleiteten BAT-Institutes, die zwischen 1990 und 2001 einen deutlichen Trend zeigte. 1990 hatten 41 Prozent der Befragten erklärt, »sich vergnügen« bereite ihnen Spaß, 2001 waren es 55 Prozent. »Mit anderen zusammen sein«, war 1990 für 53 Prozent ein Spaß, 2001 nur noch für 44 Prozent. Sich gegenseitig zu helfen, bereitete 2001 nur 26 Prozent Spaß. 1990 wurde diese Frage noch nicht gestellt. »Die Spaß-

gesellschaft als Übergangsgesellschaft kann nicht lange überleben«, urteilte Opaschowski und erwartete, die Menschen
würden sich bald – hin- und hergerissen zwischen Streß und
Spaß – für das Beständige einer neuen Leistungsgesellschaft
entscheiden.

So birgt der Überfluß die große Gefahr, daß wir einander angesichts der Vielzahl von Möglichkeiten des Amüse-
ments gleichgültig werden – daß auch der einzelne Mensch
überflüssig wird oder sich zumindest überflüssig fühlt.»Kein
Schwein ruft mich an, keine Sau interessiert sich für mich«,
singt Max Raabe. So schlimm kann es einem gehen, wenn
man sich nicht ständig bei seinen Mitmenschen, die ja jede
Menge anderer Bekanntschaften und Vergnügungen an der
Hand haben, in Erinnerung ruft.

WIE ENDET EINE SPASSGESELLSCHAFT?
Vom Terror bedroht, zum Wertewandel gedrängt

So einig man sich über die Voraussetzungen zum Entstehen einer Spaßgesellschaft ist – Wohlstand, reichliche Freizeit und viele Optionen, sich zu vergnügen –, ihr Ende oder ihr Schwinden als dominantes Element einer Gesamtgesellschaft kann auf verschiedenen Ursachen beruhen. Die Kennzeichen ihrer abnehmenden Bedeutung ergeben sich natürlich aus den genannten Vorbedingungen: Wenn der Wohlstand abnimmt, wenn die Freizeit eingeschränkt wird, wenn das weite Feld der Spaßangebote schrumpft, dann geht es einer Spaßgesellschaft an den Kragen. Es bedeutet aber auch schon eine ziemliche »Spaßbremse«, wenn die genannten Faktoren ernsthaft bedroht sind.

Zumindest diese Bedrohung haben die Ereignisse des 11. September 2001 mit ihren Folgen deutlich sichtbar gemacht. Daß damit ganz plötzlich das »Ende der Spaßgesellschaft« eingetreten ist, ist sicher eine kühne Behauptung und auf den ersten Blick nicht ganz nachzuvollziehen. Aber mit großer Wahrscheinlichkeit wird dieses Datum für die spätere Geschichtsschreibung eine Zäsur darstellen. Daß die Spaßgesellschaft schon davor Ermüdungserscheinungen zeigte, daß sie auch danach nach einer kurzen Betroffenheitspause noch einmal hell aufloderte, läßt sich nicht bestreiten. Aber das im Umfeld des 11. September erkennbar gewordene Konfliktpotential, das seither eher zu- als abgenommen hat, wird die Spaßgesellschaft nach und nach an den Rand drängen. Dort mag sie immer noch vielen als Fluchtpunkt aus einer unheilen Welt dienen – insgeheim dem Text aus der »Fledermaus« von Johann Strauß folgend: «Glücklich ist, wer vergißt, was doch nicht zu ändern ist.« Aber der Mainstream stellt sich – mehrheitlich nicht gerade freudig, sondern eher notgedrungen – auf einen Wertewandel ein.

Auch wenn die Anschläge vom 11. September in erster Linie Amerika trafen, sie galten letztlich dem gesamten westlichen Lebensstil. Die Todesopfer stammten aus Dutzenden verschiedenen Nationen und hatten im wesentlichen nur gemeinsam, daß sie sich dort aufhielten, wo die wirtschaftliche und militärische Potenz der Supermacht USA monumentalen Ausdruck gefunden haben – im World Trade Center und im Pentagon. Das islamistische Terrornetzwerk suchte sich nicht zufällig diese Ziele.

Man soll Tote nicht gegeneinander aufrechnen, aber wir Industriestaatler sollten schon die Zahlen bedenken, die Franz Josef Radermacher in seinem Buch »Balance oder Zerstörung« gegenüberstellt: Mit 3.000 Toten an einem einzigen Tag waren die Anschläge vom 11. September »eine immer noch begrenzte Katastrophe«, doch »nach wie vor sind seit dem 11. September 2001 täglich mindestens vierundzwanzigtausend Menschen verhungert«. Es helfe, so Radermacher, für eine friedliche Zukunft wenig, »wenn die Gewinner des Status quo eine Verknüpfung der beiden Zahlen als unangemessen, unfair und unzulässig bezeichnen und größten Wert darauf legen, daß sie für die zweite Zahl keine Verantwortung tragen und die Schuld ganz woanders zu suchen sei«. Man könne die Dinge auch mit guten Argumenten ganz anders sehen, und offensichtlich passiert das in einem großen Teil der Welt.

Solange ein Teil der Menschheit in himmelschreiendem Elend lebt, muß man damit rechnen, daß der Terror Nachschub erhält. Je größer die soziale Polarisierung in einzelnen Staaten ist, umso mehr wächst die Kriminalität. Die beste Lebensversicherung für den reichen Westen ist das Investieren in die Beseitigung von Armut und Hunger auf diesem Planeten. Doch davon wollten und wollen die USA nichts wissen – noch im September 2004 hielten sie sich von einer entsprechenden Kampagne der Vereinten Nationen fern. Und im September 2001 machte Präsident George W. Bush den Eindruck, als hätte er schon gierig darauf gewartet, militärisch gegen gewisse »Schurkenstaaten« vorzugehen. Daß man die Köpfe des Terrors zur Verantwortung ziehen will, ist auch absolut verständlich. Aber daß nicht der geringste Gedanke daran verschwendet wird, dem Terror durch eine kluge Politik der Entwicklungszusammenarbeit den Nährboden zu entziehen, läßt sich schwer begreifen.

Es war der bayerische christlich-soziale Politiker Jürgen Todenhöfer, der 2003 in seinem Buch »Wer weint schon um Abdul und Tanaya?«, die »Irrtümer des Kreuzzugs gegen den Terror« aufzeigte und eindringlich vor dem damals bevorstehenden Krieg gegen den Irak warnte. Er argumentierte überzeugend, daß Krieg und Waffengewalt gegen arabische Länder den Terror eher anfachen als besiegen würden, daß es absolut falsch sei, Saddam Hussein mit dem islamischen Fundamentalismus in einen Topf zu werfen.

»Man kann sich eine gerechte Welt nicht zurechtbomben« und »Gerechte Kriege auf Verdacht gibt es nicht«, betonte Todenhöfer und schlug ein anderes Vorgehen vor: »Eine Strategie, die den globalen Terrorismus mit einer Mischung aus Härte, Klugheit, Gerechtigkeit und Menschlichkeit bekämpft, ist unsere einzige Chance, dieses metastasierende Krebsgeschwür wirksam einzudämmen. Allerdings ist das leider nicht die Strategie des amerikanischen Präsidenten.«

Die Amerikaner suchten im Irak vergeblich nach Massenvernichtungswaffen, nur den Diktator Saddam Hussein konnten sie schließlich festnehmen. Der Haß, den sie sich in der arabischen Welt durch die Mißhandlung Gefangener im Irak und in Guantanamo zugezogen haben, ist nicht abzuschätzen. Daß sie vorgeben, im Nahen und Mittleren Osten Demokratie und Menschenrechte zu verteidigen, wirkt angesichts ihrer Methoden mehr als unglaubwürdig. Sie betreiben kalte Machtpolitik – allerdings mit sehr kurzfristigen Perspektiven. Und sie können damit die Hydra des Terrors nicht besiegen; sie wird wieder zuschlagen – wie am 11. September 2001 in den USA und am 11. März 2004 in Madrid.

Was bedeutet das für die Spaßgesellschaft? Ihr Treiben ist für die Islamisten und viele Menschen in den armen Ländern natürlich genauso ein Stein des Anstoßes wie die ausbeuterische Politik westlicher Konzerne. So mancher religiöse Moslem wird, wenn er via Medien oder Erzählungen vom Luxus und dem in seinen Augen äußerst ausschweifenden Leben in den Industrieländern erfährt, denken: Uns beuten diese Leute aus, uns lassen sie nicht hochkommen, und dabei führen sie selbst ein völlig gottloses, sündiges Leben mit allem Komfort. Jeder kann sich die Wut vorstellen, der da in vielen Menschen wächst – und zwar nicht nur auf die Amerikaner, sondern insgesamt auf die reichen Länder, aber auch auf arabische Führer, die mit den USA kooperieren und nach muslimischen Vorstellungen ein geradezu westliches Lotterleben führen. Das bedeutet aber, daß wir alle uns vor dem Terror nicht sicher fühlen können.

Natürlich traten nach dem 11. September 2001 sofort jene auf den Plan, die mit Vorliebe zur militärischen oder zumindest geistigen Aufrüstung des Abendlandes aufrufen. In seinem 2002 erschienenen Buch »Ende der Spaßgesellschaft« erwies sich der deutsche Selfmademan Horst Huhn, Jahrgang 1926, als einer, dem der Spaß schon lange zu weit ging. In seinen Klagen über den Versailler Vertrag und den Wertewandel zeigte sich Huhn als typischer Vertreter seiner Generation; daß seine bissige Kritik am modernen Leben viel Gehör fand, ist eher unwahrscheinlich. Wo er die Themen Nationalismus und Antisemitismus berührte, fand er keinen sympathischen Ton. Den Alliierten, vor allem den Amerikanern, warf er vor, sie wollten »den Charakter der Deutschen ändern« und erstrebten vor allem, »die Autorität des deutschen Vaters in der Familie zu brechen«. Einer seiner typischen Sätze lautete: »Berlin ist bereits die zweitgrößte Stadt der Türkei.« Grundthema dieses Buches war vor allem die Sorge, daß Deutschland im internationalen Vergleich zurückbleibt – weil die Spaßgesellschaft zu dominant ist.

Andere behaupten, daß gerade jetzt im Interesse der Verteidigung einer freien und freizügigen Gesellschaft mit den USA eine breite Allianz gegen den Terror zu bilden sei.

In der »Welt« vom 19. September 2001 rief Michael Miersch die liberalen und neoliberalen Kräfte auf, ihre Wehrhaftigkeit gegenüber dem Terror, aber auch gegenüber einer die modernen Freiheiten einschränkenden »Rückkehr der Werte« unter Beweis zu stellen: »Mit dem denunziatorischen Kampfbegriff ›Spaßgesellschaft‹ gehen Konservative von links und rechts in Stellung und fordern eine Rückkehr nationaler, religiöser oder ideologischer Verbindlichkeiten. Jetzt – so die Tadler der ›Spaßgesellschaft‹ – sollten wir uns alle wieder hinter Kreuz und Fahne versammeln, denn nur so könnten wir der terroristischen Internationale die Stirn bieten.« Aber auch viele Vertreter der »Spaßgesellschaft« wüßten sehr wohl, wo der Spaß aufhöre, betonte Miersch, der auch ein Loblied auf die Errungenschaften des Kapitalismus anstimmte. Mit der Begründung, Freiheit sei der höchste westliche Wert, zeigte er Verständnis für den dann auch geführten Militärschlag der USA gegen Afghanistan: »Im womöglich kommenden Krieg gegen den islamistischen Terrorismus verteidigen die Armeen des Westens auch die Freiheit und das Existenzrecht aller Minderheiten und auch der scheinbar wertelosen ›Spaßgesellschaft‹.«

Viele Spaßgesellen mögen einem solchen Denken geneigt sein: Wer immer uns unseren Spaß weiter sichert, egal mit welchen Mitteln, ist uns recht. So wollen die einen offenbar jedes Nachdenken über ein Schwinden der Spaßgesellschaft und einen damit einhergehenden Wertewandel vermeiden, die anderen dagegen lechzen schon sehnsüchtig danach, allen wieder alte Werte vorzuschreiben. Die dritte und wahrscheinlich realistische Haltung: Wir kommen um einen gewissen Wertewandel so oder so gar nicht herum – wir können ihn nicht vermeiden, wir dürfen ihn aber auch nicht detailliert verordnen.

Denn genau an diesem Punkt wird es kritisch. Je nachdem, wie dieser Wertewandel letztlich ausfällt, zeigt sich, ob wir aus der Spaßgesellschaft schnurgerade in eine »Fundamentalismusfalle« oder in eine »Kapitalismusfalle« gehen. Es entscheidet sich damit auch, ob wir eine freie Gesellschaft bleiben. Genau eine solche ist nämlich nicht nur durch humorlose Asketen, sondern auch durch Bedrohungsszenarien verbreitende Militaristen bedroht. Auch die echte oder auch nur taktische Allianz von Freizügigkeit und Freibeutertum sichert auf Dauer keine Freiheit. Im gleichen Atemzug mit Freiheit sind die Werte Gleichheit und Brüderlichkeit, Frieden, Gerechtigkeit und Bewahrung der Lebensgrundlagen zu nennen. Wir brauchen die berühmte Balance von Spiel und Ernst – ein hohes Maß an Freiheiten für den einzelnen, aber immer auch mit Blick auf die Rechte der Mitmenschen.

Die Terroristen sind zweifellos Verbrecher, ihre Taten sind nicht zu entschuldigen, aber die Gründe für ihren Haß sind erklärbar. Es nützt nichts, als Spaßgesellschaft oder als Ellbogengesellschaft die Augen vor der vielfachen Not auf unserem Planeten zu verschließen und zu glauben, das Problem Terror einzig und allein mit militärischen Mitteln lösen zu können. Die Achse von Kapitalisten und Hedonisten ist zwar logisch – vor allem gegen sie, nicht gegen den Westen an sich, richtet sich die Wut in den ärmeren Ländern –, aber sie wird auf die Dauer nicht tragfähig sein. Eine einigermaßen haltbare Lösung des Nord-Süd-Konfliktes, eine Verbesserung der Lebensbedingungen in der sogenannten Dritten Welt, fordert von den Reichen, ob Einzelpersonen oder Staaten, Bereitschaft zu echtem Verzicht, und von den Armen, ob Individuen oder Länder, ein hohes Maß an Geduld.

Manfred Prisching sieht die Chancen dafür in seinem Buch »Die McGesellschaft« skeptisch: »Daß Aufschwungs- und Entwicklungsprozesse Zeit brauchen, ist eine der kleinen banalen Wahrheiten, die gerne als große diplomatische Lügen verwendet werden. In Wahrheit können die Industrieländer mit dem Blick auf die Begrenztheit dieser Erde gar kein Interesse daran haben, daß sich die Entwicklungsländer rasch zu modernen Industriegesellschaften entwickeln. Das ist zynisch, aber wahr. Der Lebensstil der Industrieländer ist nicht verallgemeinerbar, und drastische Änderungen dieses Lebensstils sind nicht in Sicht.«

Wenn aber beides, die Verzichtbereitschaft im Norden und die Geduld im Süden, nicht vorhanden ist, wenn noch dazu ungeheuerliche Gewalttaten das politische Weltklima vergiften, wird die Frage aktuell, wo dann für eine Spaßgesellschaft noch Platz bleibt. Wahrscheinlich nur hinter Festungsmauern, mit denen man die Habenichtse und den Terror abwehren will. Francis Fukuyamas These vom »Ende der Geschichte«, derzufolge sich Demokratie und Marktwirtschaft in neoliberaler Ausprägung endgültig durchgesetzt haben, gilt zu Recht schon wieder als passé.

Man darf nicht nur, man muß gespannt sein, wie sich die Welt weiterentwickelt. Der »Kampf der Kulturen« – den Samuel P. Huntington in seinem Buch »The Clash of Civilizations and the Remaking of World Order« (New York 1996) thematisierte – hat vermutlich erst begonnen, und man kann nur hoffen, daß er sich in dauerhafter friedlicher Koexistenz auflöst.

Die weltpolitischen Ereignisse sind nur *ein* Faktor für einen Wertewandel. Das 2001 erschienene, von Hermann Denz und anderen herausgegebene Buch »Die Konfliktgesellschaft«, das im Rahmen der Europäischen Wertestudie den »Wertewandel in Österreich 1990–2000« untersuchte, konstatierte bereits vor der neuen Terrorwelle eine Umkehrung des lange Zeit ungebrochenen Trends zu mehr Freiheit. So wurden schon in den neunziger Jahren Normen und Institutionen wieder wichtiger, auch der Wunsch nach Autoritäten, ja sogar nach einem »starken Führer« kam auf. Während die Ausländerfeindlichkeit zunahm, wuchs die Solidarität mit Menschen im engsten Umfeld. Man zog sich auf die »kleinen Lebenswelten« – Familie, Freunde, Arbeitskollegen – zurück und wurde sogar wieder »religiös«, allerdings lieber individuell als im Rahmen einer großen Glaubensgemeinschaft. Vielleicht ist auch das ein Grund, warum moderne »Kreuzzüge«, die interessanterweise von Politikern gegen ausdrückliche Stellungnahmen ihrer Kirchenführer bis hin zum Papst inszeniert werden, bei der Bevölkerung wenig Verständnis finden.

DIE SPASSGESELLSCHAFT FRISST IHRE KINDER
Wenn Geiz geil ist, darf auch der Sozialstaat sparen

»Die Zukunft ist gesichert, wenn ein Land Kinder hat.« Und: »Was macht das Leben lebenswert? Etwa wenn man von Party zu Party rauscht? Ist es das Single-Leben?« Mit solchen Aussagen in der Wiener Tageszeitung »Die Presse« vom 23. August 2003 sorgte die österreichische Bildungsministerin Elisabeth Gehrer für Aufsehen. Ihr Ansinnen, zur Sicherung des Generationenvertrages sei es notwendig, wieder mehr Kinder auf die Welt zu bringen, statt von Party zu Party zu rauschen, brachte natürlich den heutigen Konflikt auf den Punkt: auf der einen Seite die hedonistische Single-Gesellschaft, auf der anderen die auf Nachwuchs bedachten Familienmenschen, die Verantwortung für die Zukunft zeigen. Mit so einem undifferenzierten »Sager«, den seine Kritiker auch sofort auf die Jugend und nicht auf die von Gehrer in Wirklichkeit gemeinte Generation der Fünfundzwanzig- bis Vierzigjährigen bezogen, rennt man natürlich ins offene Messer der Spaßgesellschaft. Es waren aber auch alle anderen befremdet, die es für fragwürdig halten, aus dem Kinderkriegen, das heutzutage eben viele vor allem als Belastung und nicht als Freude empfinden, eine gesellschaftliche Pflicht zu machen. Es ist weder im wörtlichen noch im übertragenen Sinn ein Kinderspiel, das moderne Berufsleben mit einem einigermaßen geglückten Familienleben zu vereinbaren. So gibt es immer weniger kinderreiche Eltern, dafür mehr elternreiche Kinder. Denn zu den leiblichen Vätern und Müttern kommen ja noch die neuen Partner des erziehenden Elternteils.

Im Grunde sprach Gehrer nur in salopper Form aus, was sie zuvor in einem gründlicher argumentierenden Artikel in der deutschen Wochenzeitung »Die Zeit« gelesen hatte. Dort hatte Susanne Gaschke am 14. August unter dem Titel »Wo sind die Kinder?« und dem Untertitel »Im Land der Egoisten:

Kein Nachwuchs, keine Rente« die Politik aufgefordert, den Kinderlosen von heute zu erklären, was Sache ist: »… mutige Politiker müßten ihnen unverblümt sagen, daß ihre individuelle Entscheidung gegen Kinder, die sich mit Millionen von gleichgerichteten Entscheidungen zum Massenphänomen summiert, nicht folgenlos bleiben wird.« Und Gaschke erklärt, wie sie das meint: »Wer als Kinderloser die halbe Million Euro (Existenzminimum), die zum Großziehen von drei Kindern mindestens nötig wäre, im Frühling des Lebens für Tauchurlaube ausgibt, kann nicht im Herbst die Sparbücher seiner Eltern plündern; die werden überdies leer sein.«

Aus demographischer Perspektive bedeutet natürlich eine sinkende Geburtenrate bei steigender Lebenserwartung, daß sich die sogenannte Bevölkerungspyramide umdreht. Das Aufbringen der Pensionen und der zunehmende Pflegeaufwand für alte Menschen werden zu riesigen Problemen. Auf die private Vorsorge allein wird man sich auch nicht verlassen können, obwohl ihr massiver Ausbau natürlich längst ein Gebot der Stunde ist. Das Pensionseintrittsalter geht hinauf, die Höhe der Pensionen geht hinunter. Und der Versuch, mittels Zuwanderung dem Gleichgewicht der Generationen auf die Sprünge zu helfen, birgt die eminente Gefahr wachsender sozialer Spannungen, weil offenbar noch sehr viele Menschen, auch die nicht immer zu echter Integration bereiten Zuwanderer, nicht reif für eine »multikurelle Gesellschaft« sind. Der »Kopftuchstreit« in mehreren europäischen Ländern ist ein Symptom dafür.

Seit eine Firma den Werbeslogan »Geiz ist geil« verwendet, ist endgültig die Brücke zwischen der auf alles »Geile« erpichten Spaßgesellschaft und den sieben klassischen christlichen Hauptsünden geschlagen: Stolz, Geiz, Neid, Zorn, Trägheit, Völlerei und Wollust. Für all diese Laster ließen sich im heutigen öffentlichen Leben mühelos Beispiele finden, nicht nur, aber sehr wohl auch in den Gefilden der Spaßgesellschaft. Ähnliches gilt sicher auch für die sieben sozialen Sünden, die Mahatma Gandhi einmal aufgelistet hat: Reichtum ohne

Arbeit, Genuß ohne Gewissen, Wissen ohne Charakter, Geschäft ohne Moral, Wissenschaft ohne Menschlichkeit, Religion ohne Opferbereitschaft, Politik ohne Prinzipien.

Die Haltung zum Mitmenschen und zur übrigen Gesellschaft entscheidet darüber, wie weit Spaßgesellentum – zu dem wahrscheinlich jeder von uns eine gewisse Neigung hat – vorwiegend negativ zu sehen ist oder nicht. Wenn man zum Beispiel so eingestellt ist, daß Arbeit ausschließlich ein notwendiges Übel ist, um die erforderliche »Kohle« für den Spaß heranzukarren, daß der Rechtsstaat nur ein verstaubter Ordnungshüter beziehungsweise der Sozialstaat nur ein Selbstbedienungsladen ist, den zwar ich, aber ja nicht irgendein anderer ausnützen darf, werden Leistungsbereitschaft, Verantwortung und Solidarität zu Fremdwörtern. Wenn außerdem zwar eine diffuse Religiosität zunimmt, aber eine massive Abkehr von den Kirchen erfolgt, weil diese nur noch als moralisierende »Spaßverderber«, aber nicht mehr als Hilfe bei der Beantwortung existentieller Fragen empfunden werden, ist es auch mit dem, was man altmodisch »Gewissensbildung« genannt hat, nicht mehr weit her. Und das, was etwa der vom Vatikan gemaßregelte Reformtheologe Hans Küng als »Weltethos« propagiert, eine Zusammenfassung der wichtigsten, in praktisch allen Kulturen ähnlichen Spielregeln menschlichen Zusammenlebens, ist bisher auch nur geduldiges Papier geblieben.

Der nun von der Werbung bejubelte Geiz ist bekanntlich eine extreme, egoistische Form der Sparsamkeit, seine »Geilheit« besteht also darin, nur auf die eigenen Bedürfnisse zu schauen und ansonsten so knausrig wie möglich zu sein. Das exerzieren uns in den letzten Jahren nicht nur Individuen, sondern zunehmend auch Staaten und Konzerne vor. Riesige Konzerne fusionieren, reden von »Synergieeffekten« und belohnen ihre Manager fürstlich dafür, wenn diese möglichst viel an Kosten, insondere an Arbeitskräften, einsparen. Die EU-Länder, die auch der Währungsunion angehören wollten, mußten sich verpflichten, binnen kurzer Zeit ihre

Budgetdefizite auf einem niedrigen Niveau einzupendeln. In Österreich peilte Finanzminister Karl Heinz Grasser sogar ein »Nulldefizit« als Ziel an, konnte diese Politik aber nur kurze Zeit durchhalten.

Jahrelang hatte man Schuldenpolitik betrieben, um den Bürgerinnen und Bürgern, von denen man ja wiedergewählt werden wollte, den Spaß nicht zu verderben. Probleme, die sich längst abzeichneten – die Überalterung der Gesellschaft, defizitäre Staatsbetriebe, ein aufgeblähter Beamtenapparat mit zahlreichen Privilegien – wurden vor sich her geschoben. Doch seit den neunziger Jahren ist zunehmend Sparen angesagt – und das bedeutet Kürzung der Staatsausgaben. Seither findet, wo es sich machen läßt, Sozialabbau statt. Außerdem werden bisher staatlich geführte Betriebe privatisiert. Beim öffentlichen Dienst zielt man auf den »schlanken Staat«: Frühpensionierungen, Vorruhestandsmodelle und nur ein Mindestmaß an Nachbesetzungen für die ausgeschiedenen Arbeitskräfte.

Das Ende des Kalten Krieges und damit des Eisernen Vorhangs, die explodierende Geschwindigkeit des Datenaustausches via Internet und das Phänomen Globalisierung trugen wesentlich zu dieser Entwicklung bei. Globalisierung, das bedeutet für die als »global player« agierenden Unternehmen: Dort produzieren, wo es am billigsten ist, dort vermarkten, wo am meisten hereinkommt, dort versteuern, wo man am wenigsten zahlt, und die Gewinne dort anlegen, wo man am meisten dafür kriegt. Nicht durch harte Arbeit, sondern durch das geschickte Anlegen oder Verschieben von Kapital wird oder bleibt man reich. Nur der Horror aller Kapitalisten, die von immer mehr kritischen Geistern geforderte Abgabe auf Kapitaltransfers, die sogenannte Tobin-Steuer, könnte hier die Gewichte etwas zurechtrücken.

Vom Slogan »Die Reichen werden immer reicher, die Armen werden immer ärmer«, so der österreichische Armutsexperte Martin Schenk in der »Wiener Zeitung« vom 23. September 2004, ist nur der erste Satzteil absolut korrekt. Armut ist ein

Begriff, den man näher definieren muß: In absoluter Armut lebt man mit einem Tageseinkommen von bis zu einem Euro; eine wachsende Zahl von jetzt schon über einer Milliarde Menschen ist davon betroffen. Wer höchstens 60 Prozent des »Median«-Einkommens in einem Land erreicht, ist relativ arm. Median bedeutet nicht Durchschnitt aller Einkommen, sondern daß 50 Prozent der Einkommen darüber und 50 Prozent darunter liegen. Die Armen werden nicht absolut ärmer, aber sie werden immer mehr, und die Schere zu den Reichen geht immer weiter auf.

Wer dem Mittelstand angehört, konnte früher noch mit Aufstieg rechnen, jetzt ist für ihn eher eine Entwicklung in Richtung Armut wahrscheinlich. Die Arbeitslosigkeit in den Industrieländern steigt, zugleich nimmt die Zahl der »working poor« zu: Das sind Leute, die zwar Arbeit haben, aber so schlecht entlohnt sind, daß sie kaum davon leben können. Und die Wirtschaft hat bereits die Forderung nach längeren Arbeitszeiten – die manche Betriebe »inoffiziell« bereits ihren Angestellten vorschreiben – ins Gespräch gebracht.

Das sind nicht gerade Entwicklungen, die einer breiten Spaßgesellschaft – sieht man vom Segment der wirklich Reichen ab – förderlich sind. Die Kaufkraft sinkt, die Freizeit wird zunehmend für Fortbildung oder Schwarzarbeit oder für weniger teure Vergnügungen als bisher genutzt. Die reiche »Schickeria« bleibt unter sich und bekommt kaum noch Zuwachs. Neben der Terrorbedrohung von außen wird die steigende Zahl der Modernisierungsverlierer beiderlei Geschlechts sich im Inland als »Spaßbremse« auswirken. Aber auch das bedeutet angesichts des nach wie vor prosperierenden Wohlstandes der Reichen sicher nicht das totale Ende der Spaßgesellschaft.

Einer der ersten Bereiche, wo das Phänomen Spaßgesellschaft kritisch betrachtet wurde, war das Bildungswesen. Das 2003 veröffentlichte Buch »Mit der Spaßgesellschaft in den Bildungsnotstand« versammelte »17 streitbare Beiträge für einen Aufbruch aus der Bildungsmisere«. Der Präsident des

Deutschen Lehrerverbandes, Josef Kraus, schrieb darin unter dem Titel »Von PISA erneut aufgedeckt. Die zwölf Lebenslügen deutscher Schulpolitik«: »Wer zwanzig Jahre Schulerfahrung hat, weiß, daß er heute in keiner Jahrgangsstufe mehr das verlangen darf, was er noch Anfang der achtziger Jahre verlangen konnte, weil es sonst ein Notengemetzel gibt.« Kraus wies darauf hin, daß die PISA-Studie, die Deutschland ein recht mangelhaftes Bildungsniveau bescheinigte, nur längst vorhandene Alarmsignale bestätigte:

»Eine OECD-Studie kam 1992 zum Ergebnis, daß das Lese- und Sprachverständnis in Bundesländern mit Gesamtschulstrukturen und mit hoher Abiturientenquote signifikant unter dem entsprechenden Niveau in Bundesländern mit gegliederter Schulstruktur und geringerer Abiturientenquote liegt. Ins Brutale übersetzt heißt das: Je mehr Gymnasiasten und Abiturienten produziert werden, desto dümmer sind alle.«

Deutsche Schulzustände mögen kaum auf Österreich übertragbar sein, aber der Slogan »Lernen muß Spaß machen«, den Kraus als »Spaßpädagogik« kritisiert, hat fast überall Verbreitung gefunden. Und Kraus hat sicher allgemein recht, wenn er betont, daß zum Beispiel der Medienkonsum vor allem im ersten Lebensjahrzehnt durch das Elternhaus geprägt wird: »Es beginnt mit dem Erzählen und mit dem Vorlesen zu Hause. Und es setzt sich mit dem elterlichen Vorbild fort. Interessant ist, was eine OECD-Studie bereits 1992 dazu eruierte, nämlich daß die Lesefreude und Leseintensität der Kinder abhängt vom Vorhandensein von Büchern im Elternhaus und daß die gesamte schulische Leistung der Kinder eng mit deren außerschulischer Lektüre zusammenhängt.« Für Kraus folgt daraus: »Das ist implizit eine Schelte an Eltern, die selbst nichts lesen und die allenfalls – erdnußmampfend vor der Glotze sitzend – ins Kinderzimmer rufen: ›Nun lies doch mal ein Buch!‹«

Kraus läßt klagend in den heutigen Schulalltag, wie es ihn sicher nicht nur in Deutschland gibt, blicken: »Der schönen neuen Schulwelt aber, die manche Schulpolitiker und Erziehungswissenschaftler nahezu tagtäglich neu erfinden, stehen Realitäten gegenüber, die keine Raritäten sind und gegen die die Schulen machtlos sind.« Er weiß von Elfjährigen zu berichten, die morgens mit nichts außer Cola im Bauch in die Schule kommen; von Dreizehnjährigen, die von ihren Eltern für eine Woche ›krank‹ geschrieben werden, weil der Überseeurlaub gerade deutlich ermäßigt zu haben sei; von Fünfzehnjährigen, die keinen Werktag vor Mitternacht zu Hause sind; von Siebzehnjährigen, die zur Finanzierung von Handy und Designerjacke mehr Zeit beim Jobben an der Tankstelle verbringen als am häuslichen Schreibtisch. Da paßt es ins Bild, wenn Achtzehnjährige ihre Volljährigkeit dazu nutzen, sich pro Quartal per eigener Unterschrift an die sechzig Freistunden zu gönnen. Wenig Verständnis hat Kraus für die diesem Treiben zuschauenden »Eltern, die aber bereits bei einer Vier in einem Extemporale die Schulaufsicht bemü-hen oder zumindest ständig auf der Suche beispielsweise nach einem Legasthenie-Attest sind, um für das Kind noch mehr herauszuholen«.

Die Elterngenerationen der letzten drei Jahrzehnte haben es sicher gut gemeint – mit sich selbst, um Ruhe für den eigenen Spaß zu haben, und mit den Kindern, denen man mehr Spaß als sich selber im gleichen Alter gönnen wollte –, als sie die »Kids« mehr den Medien und anderen Miterziehern als der eigenen Aufsicht überließen. Der Aufschrei der heute Jungen, wenn sie als die typischen Vertreter einer weitgehend negativ beleumundeten Spaßgesellschaft hingestellt werden, ist ver-ständlich. Denn sie sind keineswegs die einzige daran beteiligte Generation, sie sind vielfach durch das Vorbild der Älteren in diese Szene hineingewachsen, und sie sind auch keineswegs alle in der Spaßgesellschaft wirklich heimisch. Wie in allen Generationen ist auch in der Jugend nur ein Teil – vermutlich sogar der, den die elektronischen Medien, insbesondere die privaten TV-Anstalten, am meisten vorkommen lassen und bedienen – einem oberflächlichen Hedonismus zugeneigt. Aber selbst wenn diese Neigung größer wäre, fragt sich, ob nicht die gegenwärtigen Entwicklungen den Großteil der jüngeren Generation eher in eine Leistungsgesellschaft zwingen als in eine Fortsetzung der Spaßgesellschaft gleiten lassen.

Keine Ersatzerde im Kofferraum
Ökosoziale Strategien gegen Bedrohungen unseres Lebensraums

»Wenn wir sagen: In acht Monaten passiert was, dann reagiert keiner. Menschen neigen dazu, erst zu reagieren, wenn wir das Problem direkt vor Augen haben.« Jacques Diouf, Generaldirektor der Organisation für Landwirtschaft und Ernährung der Vereinten Nationen (FAO), so zitiert in der »Wiener Zeitung« vom 22. September 2004, sprach damit eine allgemeine Wahrheit aus. Anlaß für Dioufs ohnmächtige Wut war die schlimmste Heuschreckenplage seit 15 Jahren, die schon fast ganz Nordafrika erfaßte und nach Asien überzugreifen drohte. Die Lebensgrundlage eines Zehntels der Weltbevölkerung war in höchster Gefahr.

Hätte man auf die ersten Warnungen der FAO im Dezember 2003 reagiert, wäre die Katastrophe relativ billig zu verhindern gewesen. Noch im Februar 2004 hätten 7,5 Millionen Euro gereicht, doch im Herbst 2004 war der Bedarf schon auf an die 100 Millionen Euro gewachsen. Die letzte derartige Plage, die 28 Staaten getroffen hatte, war nur mit 500 Millionen Dollar zu überwinden gewesen. Zum erhöhten Geldaufwand gesellt sich in solchen Fällen, daß eine gewaltige Lawine an Pestiziden eingesetzt werden muß – wahrlich kein Beitrag zur Volksgesundheit in den betroffenen Regionen.

»Was auch immer du tust, tue es klug und bedenke das Ende.« Diese ursprünglich lateinische Weisheit (»Quidquid agis, prudenter agas et respice finem«) aus dem Mittelalter, an einen Bibelspruch von Jesus Sirach angelehnt, die gerade in ökologischen Fragen angebracht wäre, wird vom Homo sapiens in der Praxis leider zu wenig beherzigt. Vorausschauendes Denken, Achten auf Warnsignale, rechtzeitiges Handeln in Krisenfällen – findet meistens nicht statt.

»Wir gehen mit dieser Erde um, als hätten wir eine zweite im Kofferraum«, soll der Nobelpreisträger Konrad Lorenz einmal gesagt haben. Die Ausbeutung der Erde in einem gegenüber künftigen Generationen unverantwortlichen Ausmaß ist eine Tatsache. Der Regenwald wird abgeholzt, die Meere werden leergefischt, die Rohstoffvorräte werden in großem Stil geplündert. Erde, Luft und Meere werden mit Unmengen von Schadstoffen belastet. Experten sind mehr und mehr davon überzeugt, daß dadurch ein bedenklicher Klimawandel ausgelöst wurde.

All das darf man nicht nur der bösen Spaßgesellschaft in die Schuhe schieben, die gesamte Konsumgesellschaft, insbesondere in den reichen Industrieländern, trägt dazu bei. Jeder ist mitschuldig, der den sich anbahnenden Umweltkatastrophen völlig gleichgültig und tatenlos gegenübersteht und die Warnungen vor einem globalen Klimawandel ignoriert. Für die Experten steht nämlich fest, daß viele Wetterkapriolen der letzten Jahre aus dem üblichen Rahmen fallen und Vorboten einer Entwicklung sind, die wir kaum mehr ganz stoppen, sondern der wir uns nur noch möglichst gut anpassen können.

Die Szenarien sind bekannt: dahinschmelzendes Polareis, weite Gebiete von Bangladesch und Ägypten unter Wasser, Überflutung ganzer Inselgruppen in Ozeanien, Venedig im Meer versunken, schneelose Alpengipfel, Ausdehnung von Wüsten und Steppen, extreme Wetterverhältnisse in bisher »gemäßigten« Zonen. Und als paradoxe Nebenerscheinung: kältere europäische Küstenregionen, weil der Golfstrom nachgelassen hat oder ganz verschwunden ist.

Unter Meteorologen ist praktisch unbestritten, daß in erster Linie vom Menschen freigesetzte Gase (wie CO_2, Methan, FCKWs, Lachgas, Ozon) den Treibhauseffekt, die sich in den letzten Jahrzehnten deutlich beschleunigende Erwärmung der Erdoberfläche, verursachen. Dabei spielt nicht nur die Verwendung fossiler Brennstoffe eine Rolle, sondern auch veränderte Bodennutzung – bestes Beispiel: das Amazonasgebiet, wo der Wald durch landwirtschaftliche Flächen ersetzt wird. Die Wissenschafter sind vorsichtig mit exakten Prognosen, halten aber ohne drastische Reduktion der Schadstoffe das Eintreten der oben angeführten Szenarien für immer wahrscheinlicher. Ein Ansteigen des Meeresspiegels um einen Meter ist leicht möglich – und für manche Gebiete bereits katastrophal. Weltweit ist die Durchschnittstemperatur in den letzten eineinhalb Jahrhunderten um 0,8 Grad, in Österreich um 1,8 Grad gestiegen.

Daß das »Jahrhunderthochwasser« von 2002 mit dem Klimawandel zu tun hat, läßt sich nicht beweisen, doch die Wissenschaft neigt zu der Ansicht, daß bei Erwärmung extreme Wetterlagen und daher auch sehr starke Niederschläge zunehmen. Man darf vermuten, daß auch das verstärkte Auftreten von verheerenden Wirbelstürmen, von denen 2004 besonders Florida und Haiti betroffen waren, mit Schadstoffemissionen zu tun hat. Im Protokoll von Kyoto (1997) haben sich zahlreiche Staaten verpflichtet, bis zum Zeitraum 2008 bis 2012 ihre Emissionen auf einen Wert von fünf Prozent unter dem Stand von 1990 zu reduzieren, ein Ziel, von dem zum Beispiel Österreich heute viel weiter entfernt ist als damals.

Der größte Schadstoffproduzent, die USA, aber auch das aufstrebende China haben wohlweislich die Kyoto-Ziele von Anfang an abgelehnt. Man agiert anscheinend nach dem Grundsatz der Spaßgesellschaft: »Nach uns die Sintflut.« Bei der ständig steigenden Lebenserwartung sollte man freilich – auf allen Gebieten – mit dieser Einstellung vorsichtig sein: Vielleicht ist nicht nur die vielen Leuten offenbar gleichgültige Generation »nach uns«, sondern möglicherweise noch die jetzt lebende Generation von den Folgen heutigen Fehlverhaltens massiv betroffen.

Aus Sicht der österreichischen Meteorologin Helga Kromp-Kolb ist es für ein Verhindern des Klimawandels schon zu spät. Wünschenswert wäre natürlich wenigstens ein deutliches Vermindern des Schadstoffausstoßes. Sinnvoll wäre aber bereits ein Einstellen auf die kommende Situation: »Man muß sich anpassen. Die Holländer können nicht sagen, wir vermindern die Schadstoffe, und daß der Seespiegel inzwischen steigt, ist uns egal. Das gilt für uns genauso. Vor allem Wintersportorte müssen überlegen: Was tun wir? In welche Richtung entwickeln wir uns in zehn, zwanzig Jahren, damit wir dann, wenn … der Wintersport einfach nicht mehr auf alpinem Skilauf aufgebaut werden kann, nicht dastehen: Wir haben keinen Schnee, unsere Hotels stehen leer, was tun wir? Es wäre ganz wichtig, daß unsere Fremdenverkehrsgemeinden verstehen, daß man mit Schneekanonen einen gewissen Übergang erleichtern kann, daß das aber keine Lösung ist. Wenn ich mir mit dem Versuch, die Wintersaison noch für mehrere Jahre zu retten, die Sommersaison auch verderbe, habe ich einen Schaden angerichtet, der fast nicht mehr gut zu machen ist.« (»Wiener Zeitung«, 2. April 2003, Interview mit H. Boberski)

Eine gewaltige Umweltsünde, das gedankenlose Töten im Meer, offenbarte die österreichische Internet-Seite von Greenpeace: »Jedes Jahr werden auf unseren Meeren bis zu 39 Millionen Tonnen sinnlos getöteter Beifang auf Fischereischiffen wieder über Bord geworfen. Unter Beifang versteht man unerwünschte oder zu kleine Fische, sowie Schildkröten, Haie, Seevögel, Robben, Wale und Delphine, die in den Netzen qualvoll verenden und ungenutzt wieder über Bord geworfen werden. Nur sehr wenige Tiere überleben den Rückwurf ins Wasser. Der größte Teil des Beifanges kommt aus der industriellen Fischerei, da traditionelle Fischerboote im Gegensatz zu diesen Monsterschiffen mit ungewollter Beute viel besser umgehen d. h. diese auch nutzen können. Oft ist das Verhältnis zwischen erwünschtem Fisch und Beifang geradezu absurd: Für eine Tonne Seezunge werden etwa elf Tonnen Beifang getötet. Für eine Tonne Shrimps sogar bis zu 15 Tonnen.« (www.greenpeace.at)

Angesichts solcher Informationen muß man unwillkürlich an jenen bekannten Slogan von Greenpeace, den man den Cree-Indianern zuschreibt und der sich auf den »Großen Geist« bezieht, denken: »Erst wenn der letzte Baum gerodet, der letzte Fluß vergiftet, der letzte Fisch gefangen ist, werdet ihr feststellen, daß man Geld nicht essen kann.«

Das Zauberwort, mit dem engagierte Leute versuchen, ökonomische, ökologische und soziale Bedürfnisse auf einen Nenner zu bringen, heißt »Nachhaltigkeit« und hat vor allem seit der UNO-Konferenz von Rio de Janeiro (1992) Bekanntheit erlangt. Wenn man Nachhaltigkeit ernst nimmt, verhält sie sich wie »Ökosoziale Marktwirtschaft« (© Josef Riegler, ehemaliger österreichischer Vizekanzler und Landwirtschaftsminister) zur »Marktwirtschaft ohne Adjektive« (© Vaclav Klaus, derzeit Präsident der Tschechischen Republik) oder wie in die Tiefe gehende Freude zum oberflächlichen Spaß.

Ein Vordenker von Nachhaltigkeit und ökosozialer Marktwirtschaft ist der deutsche Wirtschaftsexperte Franz Josef Radermacher, Autor der Bücher »Balance oder Zerstörung« (2002) und »Global Marshall Plan« (2004). Er ruft seit Jahren nach einem Weltgesellschaftsvertrag, um Terror, Krieg und Naturkatastrophen zu vermeiden. Bei einem seiner regelmäßigen Auftritte im Wiener Haus der Industrie betonte er, es genüge nicht, im »global play« ein guter, anständiger Spieler zu sein, es sei nötig, die heutigen Spielregeln zu ändern, denn »die jetzige Ordnung belohnt den, der kurzfristig plündert.« Nur so werde es möglich sein, die soziale Gerechtigkeit, den Schutz der Umwelt und den Frieden der Kulturen zu sichern.

Der heute auch verbreitete Begriff »Corporate Social Responsibility« (CSR), der sich auf verantwortungsvolles gesellschaftliches Handeln bezieht, ist für Radermacher etwas anderes als Nachhaltigkeit, ein unvermeidbarer Ersatzmechanismus in einer Welt, die so schlecht organisiert ist wie die heutige. Solche neue Begriffe entstehen, wenn es neue Probleme gibt, führte er aus. Und – frei nach dem Dichter Hölderlin: Wo Probleme wachsen, wachsen auch die Lösungen.

Mit der Globalisierung, so Radermacher, seien massive Interessenkonflikte zwischen dem Norden und dem Süden deutlich geworden. Für ihn liegt die Lösung darin, daß der Norden die Entwicklung des Südens mitfinanziert, während der Süden ökosoziale Spielregeln akzeptiert. Länder wie die USA gingen dagegen »ökodiktatorisch« vor: Sie geben mit 0,1 Prozent des Bruttoinlandsproduktes nur die geringste Entwicklungshilfe und erwarten auch noch, daß sie alles wieder zurückbekommen. Für den im Grunde aus ökonomischen Gründen geführten »Präventivkrieg des stärksten Landes der Erde« gegen den Irak hat Radermacher überhaupt kein Verständnis. Was die USA, insbesondere unter der Präsidentschaft von George W. Bush, weltweit anrichten und welchen Ruf sie sich damit einhandeln, hat neben anderen die österreichische Journalistin Dolores M. Bauer in ihrem Buch »Der lange Schatten des Adlers« (2004) sehr engagiert und treffend dargestellt.

Radermacher sieht Bürger, Regierungen und Unternehmen gefordert. Der Appell an die Bürger, im Sinne von Nachhaltigkeit zu konsumieren (zum Beispiel Fair-Trade-Produkte zu bevorzugen), stoße aber an Grenzen, man neige beim Einkauf eben zu den billigsten Waren. Regierungen, die bei erneuerbaren Energien das Richtige tun, haben in der Konkurrenz mit anderen, die das Falsche tun, oft Nachteile. Bleiben die Unternehmen, deren größte Vertreter mehr Kraft als kleine Volkswirtschaften haben. Konnten sie sich früher auf ihr primäres Ziel der Wertschöpfung konzentrieren, geraten sie nun – so Radermacher – in Streß, weil man von ihnen fordert, gute Weltbürger zu sein und etwas für die nachhaltige Entwicklung zu tun. Das Ergebnis nenne sich CSR und beinhalte eine »Herkulesaufgabe«: Gewinne sollten nicht kurzfristig, sondern nachhaltig genutzt werden.

Daß Einzelinitiativen in einer von Konsum, Erlebnis und Spaß geprägten Gesellschaft wenig bewirken, stellte schon Uwe H. Bittlingmayer in seinem Buch »Askese in der Erlebnisgesellschaft?« (2000) fest. Er schrieb: »Trotz der massenmedial verbreiteten Katastrophenszenarien hat die Auseinandersetzung mit den ökologischen Gefährdungslagen in der Öffentlichkeit in den letzten Jahren viel an Aufmerksamkeit eingebüßt. Die Angst vor dem ökologischen Kollaps wird – so scheint es – von der Angst um den Verlust des Arbeitsplatzes übertroffen.«

Bittlingmayer, der das Konzept der »nachhaltigen Entwicklung« am Beispiel des Car-Sharing (Nutzen eines Autos durch mehrere Personen) untersuchte, kam zum Ergebnis, daß fast ausschließlich eine ganz bestimmte Schicht der Bevölkerung dabei mitmachte: Fünfundzwanzig- bis Vierzigjährige mit hohem Bildungs- und Einkommensniveau, meist Angestellte, besonders viele davon in pädagogischen Berufen. Zwei Drittel der Car-Sharer waren Hochschulabsolventen!

Ausgehend von der Kultursoziologie des Franzosen Pierre Bourdieu unter Einbeziehung von Gerhard Schulzes Gedanken zur »Erlebnisgesellschaft« konstatiert Bittlingmayer, daß die Mehrheit der Bevölkerung zu Konsum und Hedonismus tendiert: »Die Mitglieder der Unterklasse orientieren sich in erster Linie an den hedonistischen Lebensstilen der neuen Mittelklasse und der neuen herrschenden Klasse, ohne indes das für diese Lebensstile erforderliche Kapitalvolumen aufweisen zu können.« Das Resümee seiner Car-Sharing-Studie: »Die Forderung nach einer ›Askese in der Erlebnisgesellschaft‹ – so das ernüchternde Fazit – erweist sich aus einer kultursoziologischen Perspektive als naiv.«

Zum Problem des steten Wandels der Biosphäre in einer zunehmend von Technisierung und Virtualisierung geprägten Welt gesellt sich immer mehr auch die Frage nach dem Menschen. Ist er die »Krone der Schöpfung« in dieser Biosphäre oder ein beliebig manipulierbarer »Zigeuner am Rande des Universums«? Wird bald alles, was die moderne Biomedizin kann, in die Praxis umgesetzt? Nähern wir uns im Zeitalter des Klonens den »Menschenparks«, von denen der Philosoph Peter Sloterdijk spricht und vor denen schon Aldous Huxley (1894–1963) in seinem Buch »Schöne neue Welt« gewarnt hat? Das in Großbritannien bereits zugelassene »therapeutische Klonen«, das Züchten menschlicher Ersatzteillager, verspricht ja ein lukratives Geschäft zu werden.

Für eine oberflächliche Spaßgesellschaft mag all das kein Problem sein, aber manche macht vielleicht doch noch nachdenklich, was Huxley 1958 in seinem langen Essay »Wiedersehen mit der Schönen neuen Welt« meinte. Als er 1931 die »Schöne neue Welt« schrieb, sei er überzeugt gewesen, daß erst in ferner Zukunft die von ihm vorhergesagten Dinge eintreten würden: »Die völlig organisierte Gesellschaft, das wissenschaftliche Kastensystem, die Abschaffung des freien Willens mittels methodischen Konditionierens, die durch regelmäßige Verabreichung pharmakologisch hervorgerufener Glückseligkeit annehmbar gemachte Versklavung, die in nächtlichen Schlafunterrichtskursen eingetrichterten Glaubensartikel ...« Doch nun, so Huxley, »lange vor dem Ende des 1. Jahrhunderts n. F. (nach Ford)«, sei er »beträchtlich weniger optimistisch«, und er warnte: »Die Prophezeiungen von 1931 werden viel früher wahr, als ich dachte ... Der Alptraum totaler Organisation, den ich ins 7. Jahrhundert n. F. verlegt hatte, ist aus der ungefährlich fernen Zukunft herausgetreten und erwartet uns unmittelbar vor unserer Tür.«

Die Zuversicht, schon bisher sei nicht alles, was wissenschaftlich möglich ist, auch wirklich angewendet worden, schon gar nicht beim Menschen, droht immer mehr zur unrealistischen Blauäugigkeit zu werden. Die Menschheit sollte sich lieber an der Skepsis Aldous Huxleys, mit der er seinen Text von 1958 beendete, orientieren:

»Vielleicht sind die Mächte, die heute die Freiheit bedrohen, zu stark, als daß ihnen sehr lange Widerstand geleistet werden könnte. Es ist dennoch unsere Pflicht, alles, was in unseren Kräften steht, zu tun, um ihnen Widerstand zu leisten.«

Adieu, Spassgesellschaft!
Was wir jetzt brauchen, ist eine solidarische Zivilgesellschaft

Adieu, Spaßgesellschaft! Die einen mögen diesen Abschieds-
gruß für völlig überflüssig halten, gilt er doch in ihren Augen
einem Phantom, einem von den Medien aufgeblasenen
Popanz, der nie wirklich existiert, zumindest aber schon lange
seine Bedeutung verloren hat. Und die anderen werden ihn
als voreilig betrachten, denn die glitzernden Mega-Events der
Unterhaltungsindustrie, Discos und Clubbings, flott wech-
selnde Zweierbeziehungen und Drogenexzesse nebst entspre-
chender Medienberichterstattung, sofern es um Promis oder
besondere Vorfälle geht, und jede Menge von harmlosem,
aber im Grunde völlig unsinnigem Zeitvertreib gehören nach
wie vor zu unserem Alltag.

Meine Position dazu ist eine dritte: Die Spaßgesellschaft
war und ist da, sie hat aber ihren Zenit überschritten, und es
ist Zeit, sich von ihr als einer die Gesamtgesellschaft prägen-
den Kraft – nicht aber vom Spaß an sich – zu verabschieden.
Spaß soll und wird es immer geben, auch Reste der Spaßgesellschaft werden weiterbestehen, aber wir leben nicht in
einer unter einen einzigen Begriff fallenden Gesellschaft, am
ehesten noch in der bekanntlich auch schon als Buchtitel
existierenden »Konfliktgesellschaft«. Denn der Pluralismus
unserer Tage hat uns zu fast jedem Trend auch einen Gegen-
trend beschert. Wir sind nicht eines Geistes, sondern vieler
Geister Kinder.

Während die einen die totale Ökonomisierung, die Arbeit
rund um die Uhr und sogar die Abschaffung des Sonntags
betreiben, betonen andere die ideellen Werte, das Geistige,
das Soziale. Während den einen das Liberalisieren nicht
weit genug gehen kann, rufen plötzlich wieder mehr Leute
als noch vor zehn Jahren nach dem starken Mann und nach
Autorität. Treten die einen kosmopolitisch für die multikul-

turelle Gesellschaft ein, wollen die anderen die Grenzen sperren und reden von Überfremdung. Sehen sich die einen mehr oder minder hilflos ständigem Zeitdruck, Hektik und Streß ausgeliefert, haben andere schon einen Verein zur Verzögerung der Zeit gegründet, um das moderne Leben wieder zu »entschleunigen«. Auf der einen Seite ist jeder auf der Suche nach mehr Sicherheit – für sein Geld, seine Gesundheit, für seinen Arbeitsplatz –, auf der anderen stürzen sich immer mehr Menschen in so extreme Risikosportarten, daß sie dafür gar keinen Versicherungsschutz mehr finden.

Während sich theoretisch immer noch sehr viele Menschen nach Ehe und Familie sehnen, verlieren diese Institutionen praktisch aber an Bedeutung – ein Konflikt, der sich in den Menschen selbst abspielt. Auf der einen Seite stellen Sozialforscher einen Megatrend zur Religion fest, auf der anderen verliert die Institution Kirche wie alle anderen großen Institutionen laufend Vertrauen und Mitglieder. Auf der einen Seite hat die virtuelle Welt von heute ungeheuren Reiz für die Menschen, insbesondere für junge, auf der anderen merken sie, wie wichtig die Erhaltung der Natur ist. In unserer Gesellschaft – und in unserem Inneren – leben eben viele unterschiedliche Biotope nebeneinander.

Und auch die Spaßgesellschaft ist keine Einheit, sondern sie hat viele Schattierungen und Gesichter. Die Zugehörigkeit zu ihr ist sowohl eine Sache der Einstellung als auch der Möglichkeiten. Die echte Spaßgesellschaft schöpft aus dem Vollen, bis nichts mehr da ist. Zu ihrem engsten Kern gehören jene, die absolut nichts anderes als oberflächliches Vergnügen im Kopf haben und sich das auch leisten können. Das sind relativ wenige Superreiche und vielleicht noch eine geringe Anzahl von Leuten, die über keine besonderen materiellen Mittel verfügen, aber in ihren Ansprüchen an Spaß relativ bescheiden sind.

Die zweite und im Grunde die Spaßgesellschaft tragende Gruppe muß zwar ihren Lebensunterhalt verdienen und dafür mehr oder minder viel Zeit ins Geldverdienen investieren, die Leute gehen mitunter sogar einer recht intensiven und anstrengenden Arbeit nach, aber nach Dienstschluß ist nur mehr Spaß angesagt – auch Kontakte zu anderen Menschen stehen ganz unter dieser Prämisse.

Und dann bestehen noch die riesigen Randgruppen der Spaßgesellschaft, in die sich wahrscheinlich jeder von uns zeitweise begibt und auch ohne Gewissensbisse begeben darf. Denn der Spaß gehört natürlich auch zum Leben. Und wenn er darin nicht die dominierende Rolle übernimmt oder gar auf Kosten anderer geht, hat er sicher sogar heilsame Wirkungen – er kann Situationen entschärfen, Spannungen lösen, menschliche Beziehungen fördern.

Entscheidend ist, daß wir ihm nicht unsere ganze Zeit, auch nicht unsere ganze Freizeit opfern. Wenn neben der Arbeit und dem Spaß nicht auch noch Zeit für anderes bliebe – von der Sorge um Angehörige, Freunde und Bekannte über Formen der Weiterbildung bis zu ehrenamtlichen Aufgaben in Vereinen oder Organisationen –, wäre das traurig. Und wenn neben diesen Dingen nicht auch immer wieder Zeit für den Spaß bliebe, wäre es ebenso traurig. Auch wenn es abgedroschen klingt, man kann in diesem Zusammenhang nur immer wieder Johann Wolfgang von Goethes Ballade »Der Schatzgräber« zitieren, wo das wahre Glück im Wechsel von langen Mühen mit gelegentlichen Feiertagen gesehen wird: »Saure Wochen, frohe Feste sei dein künftig Zauberwort.«

Rudolf Bretschneider hat in einem auch im Internet verbreiteten Text zum Thema »Bürgergesellschaft« (http://www.modernpolitics.at/de/zeit_schritt/2/gesellschaft.htm) darauf hingewiesen, daß zum Beispiel Österreich noch immer ein Land mit unzähligen Menschen ist, die gratis oder jedenfalls sehr gering entlohnt für Organisationen, die auf den unterschiedlichsten Gebieten tätig sind, von der Kirche bis zur Freiwilligen Feuerwehr, Aufgaben übernehmen. Dabei erinnert sich Bretschneider an ein persönliches Vorbild: »Er war ein kleiner Tischlermeister (Einmannbetrieb). Er war buchstäblich Turnlehrer für Generationen von Jugendlichen.

Sechs- bis siebenmal wöchentlich unterrichtete er, motivierte, ermunterte. Oft von 18.00 bis 21.00 Uhr. Jahrzehntelang. Es war sein Leben. Er machte mit ihnen Ausflüge, brachte sie zusammen (sein Angebot war das Turnen, sie fanden mitunter auch aneinander Gefallen). Nie hat ihn jemand ausgezeichnet, obwohl er für ›die Jugendlichen‹ mehr getan hat als so mancher hochdekorierte Sportprominente. Ich glaube, es wäre ihm auch peinlich gewesen. Vielleicht auch nicht. Er wußte nichts von Kommunitarismus und Bürgergesellschaft. Er hieß Josef Schmidt. Und er war und ist mir ein schönes Beispiel für die wahren Stützen einer Gesellschaft.«

Solche Menschen braucht ein Land, wenn es sie nicht mehr gibt, würde es sehr kalt bei uns. Aber man kann diese Einstellung nicht verordnen, nur dort, wo sie Ansätze zeigt, fördern. Und wir werden, gerade in einer Gesellschaft, die rasch altert und immer mehr Pflegebedürftige aufweisen wird, idealistische Menschen bitter brauchen.

Insgeheim weiß es fast jeder, der mit wachen Augen durch die Welt geht: Die Party ist vorbei. Wer sich noch länger nur der Unterhaltung und dem Vergnügen hingibt, tut das auf Kosten künftiger Generationen und des sozialen Friedens auf unserem Planeten. Wir brauchen keine die Gefahren ignorierende »Spaßgesellschaft«, auch keine todernste »Antispaßgesellschaft« oder eine die Lage noch verschärfende, auf Gewalt setzende »Ellbogengesellschaft«, sondern eine ernsthaft solidarische »Zivilgesellschaft«.

Die »neue planetarische Zivilgesellschaft«, die Druck machen soll, um die Fehlentwicklungen der Globalisierung zu korrigieren, ist auch die Hoffnung des Schweizer Soziologen, Politikers und Bestseller-Autors Jean Ziegler. In seinem 2003 auf Deutsch erschienenen Buch »Die neuen Herrscher der Welt und ihre globalen Widersacher« analysierte er die Globalisierung mit ihren Beutejägern und Söldlingen. Ziegler erinnerte gleich zu Beginn seines Buches an eine Tragödie: an Fodé Touré Keita und Alacine Keita, jene beiden Buben aus Guinea, deren Leichen man im Fahrgestellkasten einer in

Brüssel gelandeten Boeing 747 entdeckt hatte. Sie waren, nur mit Shorts, Hemd und Sandalen bekleidet, auf ihrer Flucht vor der Armut in 11.000 Meter Höhe bei −50 °C erfroren.

Ziegler, UN-Sonderberichterstatter für das Recht auf Nahrung, wird nicht müde, die sich ständig verschärfende Kluft zwischen reicher und armer Welt aufzuzeigen. Im Herbst 2003 sagte Ziegler in Wien (»Die Furche«, 2. Oktober 2003, Interview mit H. Boberski): »Im letzten Jahrzehnt ist das Pro-Kopf-Einkommen in 81 Ländern gesunken. Die Lebenserwartung in Ruanda liegt heute bei 40 Jahren, in Frankreich bei 74 Jahren. Dieser Unterschied war früher nicht so kraß. Der medizinische Fortschritt kommt praktisch exklusiv dem Norden zugute. Im Süden haben wir die vier apokalyptischen Reiter: Hunger, Durst, Krieg und Seuchen. Epidemien, die von der Medizin längst überwunden sind, wie Cholera, Typhus, Malaria, Schlafkrankheit, fordern Millionen von Opfern …«

Der Schweizer Experte sieht im Neoliberalismus und Raubtierkapitalismus – von dessen Gewinnen auch die Spaßgesellschaft gespeist wird – eine Bedrohung der Zivilisation an sich: »Gier ist der einzige Motor dieses ständigen Expansionsdenkens. Dieser unendliche Trieb nach Geld, Herrschaft und Macht treibt die Globalisierung.« Ziegler gibt auch zu bedenken, daß die völlige Fixierung auf den Begriff Freiheit, der natürlich zu den allerwichtigsten Werten zählt, in die Irre gehen kann: »Jean Jacques Rousseau hat im ›Contract social‹ (Gesellschaftsvertrag) gesagt: Zwischen dem Starken und dem Schwachen ist es die Freiheit, die unterdrückt, und das Gesetz, das befreit.«

Das kurz gefaßte Programm von Zieglers Zivilgesellschaft: »Sie will den Weltwährungsfonds und die Welthandelsorganisation auflösen, sämtliche Fiskalparadiese schließen. Sie will die Unabhängigkeit der Zentralbanken liquidieren, die Nahrungsmittelbörse von Chicago schließen, sämtliche Patente auf lebende Organismen verbieten. Sie will die Auslandsschulden der ärmsten Länder ersatzlos gestrichen haben, die Tobin-Steuer und eine öffentliche Fusionskontrolle einführen.« Und sie will Bewußtsein schaffen, auch bei jenen, die jetzt noch vorwiegend dem Spaß frönen: »Es gibt keine Entschuldigung für freie Bürgerinnen und Bürger, lethargisch, indolent, indifferent oder faul zu sein.«

Für Ziegler steuert die Menschheit auf eine Art Aufstand zu, wobei kein Mensch weiß, wie dieser aussehen werde. Mit dieser Prognose steht er nicht allein, wobei sich die meisten Experten einig sind, daß ein abrupter Wechsel der Verhältnisse vermieden werden sollte. Es gehe vielmehr darum, ohne eine große Revolution, ohne eine weltweite Katastrophe, ohne einen spektakulären Börsencrash, dafür mit vielen kleinen, dabei aber doch möglichst rasch gesetzten Schritten, eine Änderung herbeizuführen.

Auch ein plötzliches Ende der gesamten Spaßgesellschaft kann sich niemand wirklich wünschen: Sie reicht ja weit in blühende Zweige des Wirtschaftslebens, in unser Kultur- und Sportleben hinein. Was wäre Österreich ohne Salzburger Festspiele oder Wiener Festwochen? Was wäre Europa ohne internationale Fußballspiele oder Schirennen? Aber alles mit Maß und Ziel, mit mehr Qualität als Quantität. Schon die alten Griechen kannten die Weisheit: »Nichts allzu sehr!« (Medén agán!)

Die Botschaft ist nicht sensationell, aber die Geschichte lehrt, daß sie trotzdem immer wieder in Erinnerung gerufen werden muß: Es kommt darauf an, Extreme zu vermeiden und einen vernünftigen Mittelweg zu gehen. So leicht, wie es scheint, ist dieser Weg aber gar nicht immer zu finden, vor allem dann nicht, wenn die Mehrheit gerade stark in die eine oder andere, vom Mittelweg deutlich abweichende Richtung tendiert. Dann kann es recht schwierig sein, den Kurs zu bewahren; er wird unter Umständen sogar zu einer echten Gratwanderung.

Um es noch einmal ganz deutlich zu sagen: Man sollte nicht das Kind mit dem Bad ausgießen und alles, was einem dumm erscheint oder gegen den Strich – oder die eigene

Weltanschauung oder politische Position – geht, der Spaßgesellschaft in die Schuhe schieben. Es wäre schlicht falsch
und ungerecht, die Spaßgesellschaft, von der es sich zu verabschieden gilt, pauschal mit bestimmten sozialen Gruppen zu
identifizieren – etwa mit der Jugend, die alles andere als eine
homogene Gruppe ist, oder mit den Singles beziehungsweise
mit den Kinderlosen, die sehr gute Gründe für ihre Situation besitzen können, oder den Extremsportlern, die vielleicht
auch andere, am Gemeinwohl orientierte Interessen und Leidenschaften haben. Das negative Spaßgesellentum zeigt sich
weniger in der Anzahl von Disco- oder Heurigenbesuchen,
sondern eher in einer grundsätzlich gleichgültigen Einstellung
zum Mitmenschen und zum Gemeinwesen. Diese Haltung
mag in reiner Form selten sein, aber es gibt sie, die Leute, die
angesichts der Probleme anderer, wie der Maler Arik Brauer
einst sang, das »Köpferl« in den Sand stecken.

Wenn man zum Beispiel das geringe politische Interesse
der Menschen – das alle Umfragen und die Beteiligungen
an Wahlen signalisieren – ansieht, stellen sich schon harte
Fragen: Bieten die verschiedenen Parteien überhaupt noch
echte Alternativen und Programme und Personen auf, die
glaubwürdig in die Zukunft weisende Lösungen anbieten?
Reagieren Politik und Wirtschaft mit ihren großteils stupiden
Botschaften lediglich auf eine nur noch an Geblödel inter-
essierte Schicht, die einen Großteil der Konsumenten und
Wahlberechtigten ausmacht? Haben sich die Mächtigen den
heutigen Menschenpark von Vergnügungssüchtigen und kri-
tiklosem Stimmvieh womöglich systematisch herangezogen?

Nicht die Selbstgenügsamkeit, nicht ein Denken wie »Nach
uns die Sintflut!«, ist ein erstrebenswertes Ziel, sondern die
Umsetzung des Appells von Robert Baden-Powell an jeden
einzelnen der von ihm gegründeten Pfadfinder: »Versuche die
Welt ein wenig besser zu hinterlassen, als Du sie vorgefunden
hast!«

Was nötig ist, von einer reinen Spaßgesellschaft aber
nicht zu erwarten ist, das ist die Bereitschaft zum Teilen

des Wohlstandes, eine Tugend, die man in Ein-Kind-Familien natürlich schwerer erlernt als in früheren Großfamilien. Wünschenswert ist die Fähigkeit, sich Jugendideale, die wohl fast jeder einmal hatte, auch im späteren Leben zu bewahren. Und es gilt, jenen von Nietzsche beschriebenen Zustand zu vermeiden, »wo der Mensch nicht mehr den Pfeil seiner Sehnsucht über den Menschen hinauswirft, und die Sehne seines Bogens verlernt hat, zu schwirren«!

Ein ökologisches Umdenken vom bedenkenlosen Ressourcenabbau zur nachhaltigen Entwicklung hat eingesetzt. Jetzt ist eine Umstellung von der individualistischen Jagd nach kurzfristigen Vergnügungen auf einen gemeinsamen Einsatz fällig, der nicht nur einer Minderheit ständig, sondern möglichst vielen möglichst oft Gelegenheit zum Lachen gibt.

In diesem Sinn: Adieu, Spaßgesellschaft! Willkommen, Zivilgesellschaft!

Benutzte beziehungsweise im Text erwähnte wichtige Literatur (nicht eigens angeführt sind Werke der Weltliteratur, z. B. von Büchner, Nestroy, Huxley oder Orwell).

Bauer, Dolores: Der lange Schatten des Adlers. Menschenverachtung made in USA? Wien–Klosterneuburg 2004

Baumgartner, Christian/Hlavac, Christian: Trend- und Extremsportarten in Österreich. Reihe »Verkehr und Infrastruktur«, Heft Nr. 8., Wien 2000

Becher, Ursula A. J.: Geschichte des modernen Lebensstils. Essen – Wohnen – Freizeit – Reisen. München 1990

Beck, Ulrich: Risikogesellschaft. Auf dem Weg in eine andere Moderne. Frankfurt/Main 1986

Bittlingmayer, Uwe H.: Askese in der Erlebnisgesellschaft? Eine kultursoziologische Untersuchung zum Konzept der »nachhaltigen Entwicklung« am Beispiel des Car-Sharing. Wiesbaden 2000

Csikszentmihalyi, Mihaly: Flow. Das Geheimnis des Glücks. 6. Auflage. Stuttgart 1998

Denz, Hermann/Friesl, Christian/Polak, Regina/Zuba, Reinhard/Zulehner, Paul M.: Die Konfliktgesellschaft. Wertewandel in Österreich 1990–2000. Wien 2001

Figes, Orlando: Nataschas Tanz. Eine Kulturgeschichte Russlands. Berlin 2003

Fukuyama, Francis: Das Ende der Geschichte. Wo stehen wir? München 1992

Glassner, Barry: The Culture of Fear: Why Americans Are Afraid of the Wrong Things. New York 1999

Gorbatschow, Michail: Mein Manifest für die Erde. Jetzt handeln für Frieden, globale Gerechtigkeit und eine ökologische Zukunft. Frankfurt/New York 2003

Gronemeyer, Marianne: Die Macht der Bedürfnisse. Überfluß und Knappheit. Darmstadt 2002

Gross, Peter: Die Multioptionsgesellschaft. Frankfurt am Main 1994

Hartmann, Hans A./Haubl, Rolf (Herausgeber): Freizeit in der Erlebnisgesellschaft. Amüsement zwischen Selbstverwirklichung und Kommerz. Opladen 1996

Hüffel, Clemens: Die Medienlandschaft in Deutschland und Österreich. Zahlen, Daten, Fakten. Wien 2001

Huhn, Horst: Ende der Spaßgesellschaft. Zeitenwende ohne Basis. Frankfurt/Main 2002

Huntington, Samuel P.: Der Kampf der Kulturen. The Clash of Civilizations. Die Neugestaltung der Weltpolitik im 21. Jahrhundert. München/Wien 1997

Illies, Florian: Generation Golf. Eine Inspektion. München 2000

Lafargue, Paul: Das Recht auf Faulheit. Widerlegung des »Rechts auf Arbeit« von 1848. Grafenau 2001.

Lehnert, Gertrud: Mit dem Handy in der Peepshow. Die Inszenierung des Privaten im öffentlichen Raum. Berlin 1999

Ludwig, C./Mannes, A. (Herausgeber): Mit der Spaßgesellschaft in den Bildungsnotstand. 17 streitbare Beiträge für einen Aufbruch aus der Bildungsmisere. St. Goar 2003

Maaß, Kerstin: Spaßgesellschaft. Wortbedeutung und Wortgebrauch. Frankfurt am Main 2003

Mair, Reinhard: Extrem- und Risikosport – ein Phänomen unserer Erlebnisgesellschaft? Diplomarbeit am Institut für Sportwissenschaft der Universität Wien. Wien 2003

Opaschowski, Horst W.: Das gekaufte Paradies. Tourismus im 21. Jahrhundert. Hamburg 2001

Opaschowski, Horst W.: Kathedralen des 21. Jahrhunderts. Erlebniswelten im Zeitalter der Eventkultur. Hamburg 2000

Opaschowski, Horst W.: Xtrem: Der kalkulierte Wahnsinn. Risikosport als Zeitphänomen. Hamburg 2000

Postman, Neil: Wir amüsieren uns zu Tode. Urteilsbildung im Zeitalter der Unterhaltungsindustrie. 12. Auflage. Frankfurt/Main 1999

Prisching, Manfred: Die McGesellschaft. In der Gesellschaft der Individuen. Graz 1998

Radermacher, Franz Josef: Balance oder Zerstörung. Ökosoziale Marktwirtschaft als Schlüssel zu einer weltweiten nachhaltigen Entwicklung. Wien 2002

Radermacher, Franz Josef: Global Marshall Plan – A Planetary Contract. Für eine weltweite Ökosoziale Marktwirtschaft. Wien 2004

Schulze, Gerhard: Die Erlebnisgesellschaft. Kultursoziologie der Gegenwart. 6. Auflage. Frankfurt 1996

Scitovsky, Tibor: Psychologie des Wohlstands. Die Bedürfnisse des Menschen und der Bedarf des Verbrauchers. Frankfurt/New York 1977

Sennett, Richard: Der flexible Mensch. Die Kultur des neuen Kapitalismus. Berlin/München 2001

Steinle, Andreas/Wippermann, Peter: Die neue Moral der Netzwerkkinder. München 2003

Todenhöfer, Jürgen: Wer weint schon um Abdul und Tanaya? Die Irrtümer des Kreuzzugs gegen den Terror. Freiburg im Breisgau 2003

Wertheimer, Jürgen/Zima, Peter V. (Herausgeber): Strategien der Verdummung. Infantilisierung in der Fun-Gesellschaft. München 2001

Ziegler, Jean: Die neuen Herrscher der Welt und ihre globalen Widersacher. München 2003

Bei zitierten Passagen aus periodischen Druckwerken oder aus dem Internet ist die Quelle im Text dieses Buches angegeben.

Der Verfasser dankt an dieser Stelle den im Buch vorkommenden Gesprächspartnern und allen anderen, die ihm Hinweise gegeben oder in anderer Form geholfen haben.